Web3

时代

THE WEB3 ERA

NFT、元宇宙、区块链和去中心化网络的未来

NFTs, THE METAVERSE, BLOCKCHAIN, AND THE FUTURE OF THE DECENTRALIZED INTERNET

[加]大卫·希恩（David Shin）著

高承实 译

中国出版集团

中译出版社

图书在版编目（CIP）数据

Web3 时代：NFT、元宇宙、区块链和去中心化网络的
未来 / (加) 大卫·希恩著；高承实译 . -- 北京：中
译出版社, 2025. 1. -- ISBN 978-7-5001-7996-2

Ⅰ. F49

中国国家版本馆 CIP 数据核字第 2024607KL9 号

著作权合同登记号：图字 01-2024-2997 号

Web3 时代：NFT、元宇宙、区块链和去中心化网络的未来
Web3 SHIDAI: NFT、YUANYUZHOU、QUKUAILIAN HE QUZHONGXINHUA
WANGLUO DE WEILAI

著　　者：[加] 大卫·希恩（David Shin）
译　　者：高承实
策划编辑：任　格　王希雅　刘炜丽
责任编辑：朱小兰
文字编辑：王希雅　刘炜丽
营销编辑：任　格

出版发行：中译出版社
地　　址：北京市西城区新街口外大街 28 号 102 号楼 4 层
电　　话：（010）68002494（编辑部）
邮　　编：100088
电子邮箱：book@ctph.com.cn
网　　址：http://www.ctph.com.cn

印　　刷：山东新华印务有限公司
经　　销：新华书店
规　　格：710 mm×1000 mm　1/16
印　　张：14
字　　数：180 千字
版　　次：2025 年 1 月第 1 版
印　　次：2025 年 1 月第 1 次

ISBN 978-7-5001-7996-2　　　　　定价：79.00 元

版权所有　侵权必究
中 译 出 版 社

序　言

　　作为一个移民家庭的孩子，随家人移居加拿大多伦多后，我目睹了移民到一个新国家可能会给一个家庭带来的一系列困难，特别是在不会说第二语言英语的情况下。因此，对于我的父母来说，他们需要在四十多岁学习一种新的语言和文化，同时还要养家糊口，需要学习的东西很多。

　　他们当时所属的社区是唯一亮点。这个社区围绕着一座基督教教堂，是一个由其他移民组成的小型韩国社区。作为加拿大的外来移民，这里能让我的父母摆脱日常生活琐事，他们会与有相似成长经历、志趣相投的人分享自己的生活，并记住了他们之间的一些共同点。

　　这就是我的故事开始的地方——社区以及社区成员如何在我的童年时期发挥作用，如何把我培养成一个青少年，然后又如何将我培养成一个成熟的成年人。

　　在我 12 岁那年父亲去世后，音乐就成了我生活的重要组成部分，在中学时参加音乐会是我成长中意义深远的经历。有一支名叫"感恩而死"的乐队，我经常听这支乐队的歌曲，也喜欢去看这支乐队的现场演出。我现在仍然喜欢在我的 Spotify^{①} 播放列表中放一些他们最棒的曲目，并把音量调大。

这支乐队的名字出自一个民间传说，讲述了一位善良的旅行者遇到一个因未能偿还债务而死去的人的故事，我至今仍认为这是人性中最高尚的一课。为了给这个人一个体面的葬礼，这位旅行者花光了所有的钱，在故事的结尾，这位旅行者被死者的灵魂从一个不可能的境地中拯救出来。

通过参加他们的音乐会，我很快就了解到乐队的粉丝群体是如何运作的，这一切都与建立和参与社区环境有关。就像 20 世纪 60 年代和 70 年代的嬉皮士时期一样，一切都可以分享，一切都与成为一个"Dead Head"^{②} 所带来的氛围和干劲有关。中学时代的经历对我如何看待社区以及理解一个强大的社区能为音乐、产品、服务甚至一群人的商业化带来价值起到了巨大的作用。

当我进入大学，在学术上变得更加好奇，渴望获得更多知识和形成洞察力时，我读了一本书，这本书将永远改变我的思维方式。切·格瓦拉（Che Guevara）的传记对我如何看待世界产生了深远的影响。我一直很好奇，为什么一个出身于中产阶级家庭、受过良好教育的阿根廷人要冒着生命危险去参加一场不属于他的战争——古巴战争。

据我所知，他在拉丁美洲旅行期间受到了所游历国家的穷人和资源与服务匮乏的人们的影响。他强烈地感受到在拉丁美洲的不同社会中存在着不公正和不平等。他的这些经历最终使其挺身而出，反抗政治恶霸，为这些没有发言权、无法站出来为自己改善生活的人们进行

① Spotify 是全球性流媒体音频服务平台，于 2008 年上线，为用户提供流媒体音乐和播客等综合音频服务。——译者注

② Dead Head，中文译作"死亡头"指"感恩而死"的歌迷。——译者注

革命。

　　然而，其他人可能会对切·格瓦拉的人生际遇有不同的解读，但这就是我的看法和观点。也许是因为我在成长过程中目睹了类似的不平等现象，作为在加拿大的移民，我和我的父母不得不应对很多事情。不管怎样，我的想法很清晰，我有一个强烈的信念，那就是如果有一天我能以一种创造平衡的方式为社会的整体进步做出贡献，特别是从经济金融的角度，那么我就会去做这件事，并将其作为我毕生的使命。

　　长大成人后，作为一名年轻的大学生，我肩负着这个使命，并坚信自己一定能改变世界。然而，现实是我需要为自己开创一番事业，并按部就班地结婚生子。从滑铁卢大学毕业后，我找了一份高薪工作，结婚并组建了家庭。现在回想起来，我认为我当时有一种紧迫感，因为我看到我的父亲在 50 岁那年去世了。我相信这对我产生了深远的影响，尽管更多是潜意识里的影响，却让我在生活中加快了做事的速度。

　　28 岁结婚，在国外银行业获得了难得的发展机会，并在 32 岁有了孩子，我觉得生活正在朝着正确的方向发展。然而，我总是渴望可以在这个世界上做更多的事情，并且着迷于有一天我如何能够以某种方式为社会上最需要帮助的人提供帮助。我要在生活中找到一个契机，能够让我在这方面做出贡献，几年后，当我在酒吧与一位同样在银行业工作的朋友交谈时，我找到了这个机会。

　　那是在 2012 年 2 月，一位在另一家银行工作的朋友问我："你听说过比特币吗？"从那时起，我的生活就彻底改变了。我记得那天晚上我回到家后就上网搜索了比特币，首先弹出来的就是中本聪（Satoshi Nakamoto）的白皮书。那天晚上我读完白皮书后无法入睡，我已经掉进了传说中的"兔子洞"。这是一种前所未有的感觉。

　　我现在就好像"觉醒了"，清楚地看到了金融业的未来，我不得不相信我的使命就是用比特币做点什么。随着我花越来越多的时间了解区块链的工作原理，以及比特币作为一种新的价值存储方式如何变革银行业甚至整个世界，我开始关注如何丰富对这项技术的认识，并最终采用这项技术。这让我在中国香港（当时我就在那儿）结识了很多志同道合的比特币爱好者。

　　与其他比特币爱好者的会面确实对我自己的信念产生了影响，我相信比特币在亚洲发展的早期阶段将由社区而非大规模采用来启动。2013 年初的一天，我邀请几位比特币 Meetup 的朋友聚会。我手里拿着演讲稿，为在场的 4 个人，即奥雷利昂·米奈特（Aurelien Menant）、亚瑟·海耶斯（Arthur Hayes）、拉里·萨利布拉（Larry Salibra）和年轻的利奥·威斯（Leo Weese）做了一次演讲。

　　演讲稿的封面标题是《中本聪之友》。这篇演讲稿概述了我们 5 个人将如何在亚洲成立第一个比特币协会。演讲稿列出了协会想要实现的最高目标，并阐述了实现这些目标所需的条件。演讲稿的最后一页概述了创始人的角色和责任，在那个决定性的夜晚，这些创始人都聚集在一起。

　　从那天晚上开始，香港比特币协会（Bitcoin Association of Hong Kong，简称 BAHK）成立了。我们聘请了一位愿意接受比特币作为付款方式的中国台湾律师，帮助起草 BAHK 的法律章程。我们联系了一家机构来帮助建立法律实体，随着时间的推移，协会开始发展壮大，越来越多的社区成员报名参加我们的聚会、活动和会议。目前，该协会是亚洲最大的非营利性协会之一，也是香港特区政府和监管机构寻求关于行业最佳实践和监管指导的关键团体之一。社区建设和发展对任何新兴技术的成功都至关重要。如果没有一个由开发者、用户和投资者组成的核心社区，加密货币和区块链就不可能在过去 10 年发展得如此迅速。

作为比特币和其他加密资产的早期应用者，我有幸参与了许多关于数字货币使用的有趣讨论，包括与监管机构、金融机构、中央银行和家族理财室的对话。由于数字资产对银行业和全球市场的颠覆性影响，传统金融组织不得不关注加密货币领域的市场估值、交易量、主流采用和开源开发的进展。就像微软没有认真对待 Linux 在企业中的应用、IBM 没有认真对待 Apple 在个人计算领域中的应用一样，金融业不能盲目忽视创新信号。传统金融业在加密行业的发展和基础建设速度方面，需要把握好方向。

通过各种接触，特别是与中央银行的接触，我很早就认识到数字资产很快也将成为一个政治话题，因为似乎越来越多的国家将区块链和中央银行数字货币（Central Bank Digital Currency，简称 CBDC）视为全球贸易中跨境 SWIFT[①]（Society for Worldwide Interbank Financial Telecommunication，简称 SWIFT）结算的替代方案。这种认识也有助于我思考资产支持货币相对于政府支持货币的重要性，以及考虑在不久的将来，"银行服务缺乏、高度商品化"的国家如何利用数字资产作为手段，在不如 G7 国家发达的国家之间进行贸易结算。在非洲、东南亚和拉丁美洲等地使用这种技术将是一个巨大的机遇，在这些地方，只要拥有一部入门级智能手机、一项互联网连接和一个可连接到区块链的数字钱包，就可以为那些非银行用户提供简单的银行工具，使其融入更广泛的金融体系，最终改善他们的生活，并促进

① 环球银行金融电信协会是一个国际银行间非营利的国际合作组织，总部设在比利时布鲁塞尔，其职责是设计、建立和管理全球金融信息网络，方便成员间进行国际金融信息的传输和确定路由。——译者注

当地经济发展。

到目前为止，我已经走过了一段令人难以置信的旅程，这段旅程充满了起起落落，但正是我对这个行业的长期看法，让我始终坚信这一切终将会取得成功。几年前，政府和机构通过互联网实现去中心化和大规模采用分布式账本的想法，似乎是一个遥不可及的梦想。随着区块链及其使用案例（用例）的不断发展，从作为数字价值存储的比特币，到作为数字法律协议的以太坊，到代表链上知识产权的非同质化代币（Non-Fungible Token，简称 NFT），再到游戏行业的金融化，值得注意的是，如果没有渐进式监管，整体的增长和成功都将受到限制。监管是确保系统中信任，以及让那些在链上构建产品和服务的人承担责任的关键。

确保监管机构在政策上也在不断发展，并让行业思想领袖参与开放式交流，以获得可实施且不会扼杀创新的最佳实践，这是促进行业发展的诀窍。监管不应该像汽车刹车一样减慢行业发展的速度，而应该看起来更像安全带，从而为行业发展提供保障但不限制其整体发展。安全、公平和透明应该是监管加密行业框架运作的原则。

随着后疫情时代各国边境重新开放，吸引顶尖科技人才成为许多国家试图建立和扩大其科技行业的重点，市场监管者在制定加密货币政策时确保采取务实和渐进的方法是更为合理的。

我希望通过本书，能够尽可能为更多人了解关于这一领域的知识提供帮助。本书突出了政治、经济、社会和宗教历史的一些关键点，在这些关键点上，人类文明发生了或好或坏的转变，并最终将我们带到了今天这个超级大国主宰的世界，同时也让我们对未来以及能让我们摆脱压迫循环的技术进行了展望。

我希望我们一起踏上这条学习之旅。

目

录

·

1　DAO的兴起

2　当全世界成为你的村庄……

3　新的中心化

4 巴别塔2.0

5 超越表面价值的灵魂

6 重返非洲

11　一个勇敢的新世界

1
DAO 的兴起

在早期，"智人"就开始组成联盟。从最初的游牧狩猎者团体到古代农业文明，显而易见的是我们需要彼此才能生存下来并蓬勃发展。

　　从家庭到社区，早期人类需要扮演各自的角色以使社会运转，而且角色越多样化，社会就发展得越快。在资源已经稀缺的情况下，需要实施适当的制约和平衡措施来确保我们不会有太多人从事同样的工作，更不用说狩猎者需要花费多年时间才能成为一名使用原始工具的熟练猎人，而采集者可能需要更长的时间，才能识别所有无毒无危的可食用植物物种。

　　随着农业的发展，人类的数量不断增长，因此领导的角色就变得必不可少。但是在一个"强权即公理"的年代，在持续不断的激烈战争中，国王们并没有分割领导的职责，而是加冕称王，并使王朝统治的权力只在他们的血统中沿袭、继承和保留。

　　当公民意识到需要一种新的治理形式时，民族国家的概念便应运而生。在通过民主投票程序选出的领导人带领下，平衡将最终得到恢复。这就产生了由我们选择的人进行管理的治理层级。现在，我们可以通过选举领导人来决定我们自己的未来，这位领导人将以国家和大多数人的最大利益行事，至少我们是这么认为的。

在经过两次世界大战和无数冲突、种族灭绝和侵犯人权的暴行之后，很明显我们所信任的西方治理体系都不够用。根据《2016 年爱德曼全球信任度调查报告》，全球有一半的人口不信任政府。这并不难理解。

掌握权力的当选官员宣誓保护我们，却为了大企业和自己的最大利益行事。从维基解密①的报告，以及"巴拿马文件"②和"潘多拉文件"③之类的曝光中可以明显看出，那些有影响力的人将他们的财富隐藏在空壳公司的离岸账户中。根据英国广播公司（BBC）的报道，"潘多拉文件"包含 640 万份文件、近 300 万张图片、超过 100 万封电子邮件和近 50 万个电子表格，涉及 90 个国家的 330 名政治家，这些政治家利用秘密离岸公司来隐藏他们的财富。

直到今天，权力结构一直是一个金字塔，只有少数人坐在顶端。我们不再处于"强权即公理"的时代。统治世界的不再是持有最强大武器的国家，而是拥有最高 GDP（国内生产总值）的国家，它们将继承重要的否决权并坐在国际谈判桌的首席。如今，金钱是王道，它有着明显的能够左右国家意志的能力。

同样，许多人都心存同样的想法。赚到足够的钱，这样我们就可

---

① 维基解密（Wikileaks），又称作维基泄密，是一个大型文档揭秘及分析网站，成立于 2006 年 12 月，目的为揭露政府及企业的腐败行为。——译者注

② 2016年的"巴拿马文件"揭发了全球权贵、政要、名人利用离岸公司隐藏资产的丑闻，曾一度震惊全球。——译者注。

③ 2021年国际调查记者同盟（ICIJ）公布了一批有关海外资产的数据和文件，被称为"潘多拉文件"，曝光了许多全球政要和名人在国外储存的财富。——译者注

以在任何年龄退休并享受生活。过去，如果你有抱负，可能是在 40 岁前完成。现今，一些 Z 世代 [①] 在 20 岁前就这样做了。

金钱正在驱使我们以个人而不是社区的身份行动。不管是有意还是无意，我们都想要对自己而言最好的，且愿意以牺牲他人为代价得到它。消费主义和资本主义让我们陷入痛苦的循环，如果我们找不到一种走出来的方法，下一代也将遭受同样的命运。

当今世界已有 80 亿人。尽管存在资源匮乏和全球变暖的情况，但人类数量仍在不断增长；然而，联合国的科学家们预测，我们的人口数量已经接近峰值。

由于我们生活的竞争性和高消费性，全球人口预计将在 2030 年增长到 85 亿。之后，人口将略有增长，到 2300 年这一数字将增至 89.7 亿。这与我们在过去两个世纪看到的数十亿新生命的繁荣景象相去甚远，这个繁荣景象是医学科学突破带来的结果。医学科学的突破使某些疾病和健康风险（如分娩行为的高风险）成为历史。

人口增长曲线趋于平缓不仅仅是一个揭示当今世界存在问题的明显迹象。或许这就是可持续性成为过去十年热门词汇的原因。事实上，我们正在面对长期干旱，而干旱将会破坏粮食供应。当涉及燃料和矿物质短缺时，情况会更加糟糕吗？世界上淡水资源正在日益枯竭，又该如何处理？

通常，社会中最脆弱的群体将承受我们行为所带来的后果，具有讽刺意味的是，民主和投票本应确保没有一个人被落下。

我们最关心的问题没有得到重视或解决，任何挑战现状的人都会被斥责、监禁甚至处决。

---

① Z世代通常指1997—2012年出生的一代人，他们一出生就与网络信息时代无缝对接，受数字信息技术、即时通信设备、智能手机产品等影响比较大。——译者注

看起来，无论如何，我们总是会存在领导的问题。

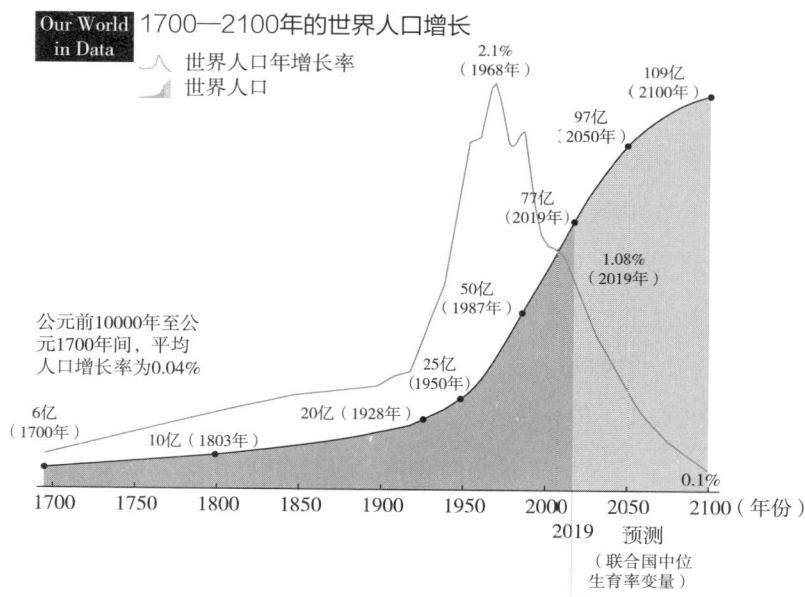

图 1.1

来源：Ourworldindata / https://ourworldindata.org/world-population-growth / last accessed December 08, 2022 / CC BY 4.0.

昙花一现的王

当我们相信一位能力强的领导者，能够保护我们免受威胁时，我们会觉得安全，无论这种威胁是来自侵略势力，还是衰退的就业市场和疲软的经济。

当"强权即公理"时，领导者也是伟大军队的指挥官，他们在战场上证明了自己。战争时期，一个国家被像温斯顿·丘吉尔（Winston Churchill）、拿破仑·波拿巴（Napoleon Bonaparte）或穆斯塔法·凯末尔·阿塔图尔克（Mustafa Kemal Atatürk）这样的退役军人掌管，民众会感到安全。但在和平时期，人们会投票支持那些能够承诺一个更光明或者至少稳定的未来的候选人。

赢得选举本质上是一场数字游戏，而抛开为赢得选票而使用的分裂政治手段，大多数人只是想要稳定。可见，我们希望在做出决定之前看到结果，所以根据过去的记录，通常会选择最可信的人。

在唐纳德·特朗普（Donald Trump）第一次竞选美国总统期间，《卫报》采访了 6 名特朗普的支持者。他们投票支持特朗普的原因之一是，想要"更加保守的法律"，并且相信他能够达成贸易合作，使美国再次繁荣并重振美国梦。

作为一个局外人，他不是政治家。他是一张缺乏实质内涵的空白画布（可以随意涂抹政治主张和反映其利益），作为一个真人秀电视明星，他可以对不同的人做不同的事——他可以通过伊斯兰恐惧症煽动种族和宗教紧张局势，通过提出建造墨西哥边境墙煽动反移民法西斯主义，同时通过兜售"选民"的概念，鼓吹选民可以"让美国再次伟大"。

决定行动方针的行为是一把双刃剑。做出正确的决定，会受赞扬，收获回报；同样，做出错误的决定，则需要承担责任。

特朗普种种举止向世人反映和揭露了一个截然不同的美国——一个已经被无法再掩盖的冲突撕裂的美国。

在持续进行的"Black Lives Matters"[①] 运动中，特朗普拒绝批判极右翼激进组织"骄傲男孩"（Proud Boys），并否认政府在应对新冠疫情大流行时存在不足，这让美国民众感到不满。无论特朗普在集会

---

① "黑人的命也是命"或者"黑人的命很重要"是一场国际维权运动，起源于非裔美国人社区，抗议针对黑人的暴力和系统性歧视。——译者注

上以何种面孔向选民发表魅力十足的演讲，这些都揭示了他是一个只为自己着想的人。

如果你需要一个更惨痛的例子来说明一个领导人是如何误导一个国家的，那么可以举阿道夫·希特勒（Adolf Hitler）的例子。阿道夫·希特勒曾经说过："我对大多数人使用情感，对少数人保留理性。"

纵观历史，这种情况在全球范围内时有发生——我们选出了自认为强大的领导人，甚至把他们奉若神明，结果却发现他们和我们一样，都是容易犯错的普通人。

你的投票真的算数吗？

大规模的投票从来都不是一项易于执行的任务。各国每四年或者五年就会花费数百万美元举行一次大选，从同一批候选人中选出一个领导人或者执政党，但是什么也不会改变。

投票的想法很棒。然而，在实践中，它并不那么有效。

投票赋予了我们选举领导人的权利，但是通过篡改选票、不公正改划选区、跳党（party hopping）、控制媒体和宣传以及公然贿赂等手段，不太理想的领导人也可以登台执政。如果这就是民主所能做的最好的事情，那么它需要被修正。

事实上，世界似乎比以往更加分裂。尽管我们可以使用各种技术保持联系，但由于使用社交媒体开展宣传，以及使用虚假新闻加剧紧张局势，我们似乎无法相互理解。

数以百万甚至数十亿的声音（其中有许多不明真相的声音）破坏了结果。自私和竞争的人类特质总会占据上风，影响我们的判断。你还记得希特勒曾说过用情绪来控制民众吗？

此外，投票箱的使用在很大程度上仅限于政治领域，因为执行计票需要人力，而且所有选民都需要透明度和可信度，才能接受结果是合法的。因此，大规模投票通常仅限于领导国家的政治家的选举。世界各地只有少数人有权投票选举地方议会成员，而当涉及其他地方治理官员时，更少有人有投票权。

想象一下，如果改变了这个系统，我们能取得怎样的成就？大多数人已经在思考这个问题，即如何完善让我们陷入困境的投票系统。

如果我们能够重新获得信任，并将投票变成一种自然行为，那么，从技术上讲，我们可以对任何事情进行投票。

设想一下，在这样一个世界里，专家们可以聚在一起，以完全透明和无缝的方式来投票决定最佳行动方案。试想一下，如果一群正确的人聚集在一起，找到了最好的解决方案，并投票选出解决世界问题的正确答案，世界将会是怎样一番景象？

现在，再想象一下，这些人不是来自同一个国家，除了他们自己希望看到更美好的未来，他们不受任何议程的约束。

这听起来像是科幻电影里的情节，但就在我们说话的时候，这个新系统的基础正被铺设。

美妙而无需信任的世界

我们能否有一家没有首席执行官（CEO）的公司或者一所没有校长的学校呢？

这个世界上最成功的人群可能是音乐家。他们带着共同的目标（创作音乐）走到一起，并且各自拥有不同的能力——你见过一支乐队有四个鼓手吗？

也许这就是路易斯·阿姆斯特朗（Louis Armstrong）所唱的《多么美妙的世界》想要表达的世界。一个无须信任的世界。一个每个人都有特定事情要做并且能够做得很好的地方，一个我们不需要质疑结果、可以全然信任系统的地方。

如果我们能让每个人都可以尽自己的一份力量，并消除信任问题，人类就会飞跃发展。

去中心化自治组织（Decentralized Autonomous Organizations，简称 DAO）是互联网社区的下一个发展方向。回到早期部落主义的时代，DAO 是由共同目标驱动的群体。这些新时代部落的权力本质上是去中心化的。在 DAO 中，没有领导者，每个成员都是领导者。

但是，当存在太多声音时会发生什么问题呢？

通过质押某些东西或者提供更多价值，DAO 的成员会获得更多的代币，从而获得更多的投票权、参与权和引导该群体发展方向的权力。他们为群体带来的价值可能以经验或资历的形式存在，也可能是他们质押的金额。理论上，DAO 中的权力可以根据一个人持有的代币数量而有不同的级别，但每个权力等级都将会通过该人带来的贡献进行验证。同样，在 DAO 中，可以对最高决策者数量不进行限制，因此可以解决少数人决定多数人结果的问题。

当前的互联网（Web2）是一个平台。在这个现有平台中，人们与意见领袖和管理员聚在一起——无论是用户查看他人说了什么，还是脸书（Facebook）[①] 机器人捕捉违反社区准则的行为。就像现实世界一样，人们可以退出协议或交易失败，甚至发生投票篡改行为，也没有故障保护机制。

---

① 2021 年 10 月 28 日，Facebook 公司更名为 Meta。

但我们正在进入由区块链塑造的 Web3 世界。

区块链技术改变了责任处理的方式，实现了完全透明。尽管它开始于最初的加密货币，即比特币，但这项技术已经从仅仅是一种使用匿名服务器验证交易，然后将记录添加到数字账本的方式，延伸发展出更为复杂的使命。如果比特币通过区块链实现了货币去中心化，那么以太坊通过可编程的智能合约能形成一个适应性强的区块链，从而实现世界的去中心化。

智能合约是存储在区块链上的程序，在满足预定条件时会执行功能。由于我们仍处于区块链发展的早期阶段，智能合约通常用于自主、即时地执行协议，并且除了区块链验证结果，没有第三方参与。

在 DAO 中，一切都是自动化的，并由智能合约运行。可以将其视为 DAO 创始人所达成的协议。这些协议由 DAO 所期望的结果决定。

DAO 成员之间的沟通可能是必要的，也可能是不必要的，这取决于 DAO 的目标。但理论上，DAO 由人类运营，他们使用计算机验证其对组织的治理。从提议到投票，DAO 的功能是由验证数据并保持事物透明的服务器控制的。

由于不受距离的限制，世界各地的医生可以组成一个 DAO，全球各地的律师、建筑师、工程师甚至音乐家也可以如此。他们可以一起寻找疫苗，制定新的法律，建设更好地应对全球变暖问题的城市，或者创建新的音乐流派［可创建一种自动化的方式，将其作为非同质化代币（NFT）进行市场推广］。这些部落的投票将完全自动化，通过区块链技术驱动的智能合约运行，且信任问题也会消除。

在不久的将来，你很可能会在某个时候成为一名 DAO 的成员。这个 DAO 的目标可能很平凡，就像决定哪些音乐可以在广播中播放得更多一样，这也可能是一个免质押的 DAO，它的运行只取决于你播放和分享音乐的频率以及你是否同意共享你的数据。

为什么第一个 DAO 必须倒下？

第一个诞生的 DAO，名为 The DAO，最初是投资者自主投资 ETH [1] 的一种方式。然而，它被黑客攻击了，30% 的用户资金（6千万美元）被盗。

创建 The DAO 的想法最早诞生于 2015 年，由一个名为 Slock.it 的开发团队提出，旨在为各种 Web3 项目和初创公司筹集资金。他们创建了一个用于众筹的智能合约，并对投票权和所有权进行了编程。在不到一年后，The DAO 于 2016 年 5 月被大力宣传、隆重推出。人们对这个组织的未来可以真正实现去中心化感到兴奋。由衷地说，这是历史上第一个真正去中心化、自治和社区运营的基金。

正如预期的那样，每个人都争先恐后地加入 The DAO 并质押他们的 ETH。The DAO 为当时这个十分抽象的新概念和新事物筹集到了难以想象的资金——约 1.5 亿美元（基于 2016 年 6 月以太坊的价值计算），并将这些资金放入该组织的基金中。

The DAO 这种巨大的成功并没有持续多久。它的快速崛起和衰落也许在提醒我们不要把新技术视为理所当然，或者要避免 FOMO，即错失恐惧症 [2]。

---

① 以太币（ETH）是以太坊网络的原生加密货币。——译者注

② 错失恐惧症（Fear of Missing Out，简称 FOMO），特指那种总在担心失去或错过什么的焦虑心情，也称"局外人困境"。在加密货币交易中，FOMO 通常指因为害怕错过时机而感到恐慌。——译者注

与投资一家公司类似，投资者将资金投入 The DAO，希望股票（这里指代币）能够升值。

在传统公司中，大股东往往能够获得管理决策权，而在 DAO 中，你可以根据所持有的治理代币数量控制组织收集的资产。

此外，如果你拥有一定数量声誉良好的代币，那么就可以起草任何类型的提案，DAO 社区的其他成员将对此进行投票。在 The DAO 案例中，提案可能是将组织的一部分资金投资于新兴的区块链初创公司，或者快速买卖 NFT 以获取利润。

成为第一并不总是件好事。对于 The DAO 来说，野心显然给这个团体蒙上了阴影，The DAO 市值的上升和其他关于其前途光明的炒作新闻蒙蔽了社区的眼睛，使他们看不到程序员在各种聊天板上发布的消息，这些程序员对 The DAO 的智能合约存在代码漏洞发出了警告。

在 The DAO 成立不久后，黑客便利用漏洞窃取了 The DAO 超过一半的资金，后来有一部分资金被返还，但并非全部。教训是显而易见的，资金被盗摧毁了 The DAO。至此 The DAO 的优势暂未全部发挥出来。然而，The DAO 为其他不是投资工具的 DAO 铺平了道路——这些 DAO 可以成为变革的推动者。

从早期 The DAO 崩溃的事件中，程序员学会了编写更安全的环境，使得事物可以再次实现去中心化。

新时代的部落

那么，我们今天该如何使用 DAO，以及未来的 DAO 又是什么样子呢？

像最初的 The DAO 一样，DAO 作为投资工具，仍然是市场的主流，这是因为区块链是为金融领域而设计的。由 DAO 创建并运行一个新的代币是很自然的事情。MakerDAO[1] 推出的稳定币 DAI 的目前市值为 70 亿美元，而且得到了现实世界资产的支持。越来越多的 DAO 也纷纷效仿，如投资去中心化金融（Decentralized Finance，简称 DeFi）项目的 BitDAO[2] 和快速买卖 NFT 以获取利润的 BeetsDAO[3]，它们将加密货币可以众筹和持有者可自己决定投资的概念向前推进了一步。

然而，值得庆幸的是，这并不是 DAO 如今所做的所有事情。它并不全是关于金钱的！

在自主投票机制的帮助下，由一群人共同决策驾驶的船已经驶入了我们生活的未知领域。现今的 DAO 正在创建新的社交媒体生态圈，试图购买美国宪法，在元宇宙中进行城市规划，实现法律服务可及性与自动化、博客去中心化，为 Web3 进行设计和营销，为整个区块链行业提供治理建议等。我们来看看其中一些项目。

FriendsWithBenefitsDAO[4]，简称 FWB，这个去中心化自治组织希望 Web3 让社交媒体变得更有价值和独特性。虽然任何人都可以通过购买代币成为会员，但 FWB 所做的事实质上是在为现实世界（即在纽约、伦敦和洛杉矶这些 FWB 子 DAO 所在地）中发生的社交活动

---

① MakerDAO 是一个 DAO 项目，同时也是 DeFi 项目的代表之一，并具有与美元挂钩的加密抵押稳定币 DAI。——译者注

② BitDAO 是一个去中心化自治组织，旨在为新项目和现有项目的建设者提供支持，包括 DeFi、NFT、DAO 和游戏。——译者注

③ BeetsDAO 是一个去中心化自治组织，最初是一个 NFT 收集者团体，后来转变为一个孵化器，正在投资和帮助建立 Web3 项目。——译者注

④ FriendsWithBenefitsDAO 是一个由文化创造者、思想家和建设者组成的全球性团体，是一个社交型 DAO。——译者注

筹集资金。

ConstitutionDAO[①] 试图在苏富比拍卖行拍卖的一份极为罕见的美国宪法副本的竞标中胜出，以保存历史，并以一种反叛的去中心化的方式将其坚持到底。

DecentralandDAO[②] 是为运行游戏而创建的 DAO，负责管理 Decentraland 中的虚拟土地。Decentraland 是一款受欢迎的元宇宙游戏。玩家可以在与其他用户互动的同时购买和出售虚拟房产，创造数字艺术品，玩各种赌场游戏。就像现在的许多虚拟货币和资产一样，这款游戏中的金钱和土地在现实世界中也能卖个好价钱。就其本身而言，DAO 既是房主、协会，也是城市规划委员会。投票权的大小取决于玩家拥有多少虚拟财产，并且所做的决策是朝着创建一个激励性的全球用户网络来运营一个共享虚拟世界的共同目标的。

LexDAO[③] 由一群律师组成，旨在让法律服务变得更实惠，甚至免费。他们正在与程序员合作开发区块链项目，以取代一些基本的且往往昂贵的法律服务。

同样，Mirror[④] 平台上的一群作家正在试图使用区块链来革新出

---

① ConstitutionDAO是一个去中心化自治组织，其创建是为了买入一份稀有的美国宪法原件。该项目未能成功购买美国宪法副本，2021 年底，ConstitutionDAO 宣布正式关闭项目。——译者注

② DecentralandDAO是链上组织，负责控制核心智能合约的更新、维护与升级。——译者注

③ LexDAO成立于2019年，旨在通过将法律与区块链技术结合，以代码确保规则和承诺的执行，改善现有体系。作为全球非营利性的法律工程师协会，LexDAO 专注于为 Web3 领域提供创新性法律解决方案，实现高效、透明的法律服务。——译者注

④ Mirror 是一个采用区块链技术的内容创作平台，它结合了 DAO、Web3、NFT 所构建的所有权经济模式，为内容创作者提供一套众筹工具集，解决创作者"赚不到钱，无法通过内容价值变现"的难题。——译者注

版业，该平台也是一个 DAO。Mirror 上的用户在其每周的"写作竞赛"中给作家投票。获胜者将获得 Write 代币，这些代币可以用来兑换出版 Mirror 托管的博客，而这些博客作品可以转化为 NFT。艾米丽·西格尔（Emily Segal）使用 Mirror 为她的下一部小说《燃烧阿尔法》进行了众筹。

RaidGuild[1] 是由自由 Web3 构建者和设计师组成的 DAO，他们的使命是资助开发更多开源 Web3 工具。他们通过外包自己的技能和天赋，为希望进入 Web3 世界的客户提供营销和设计服务。

你可以把 UniswapDAO[2] 看作 DeFi 的去中心化咨询委员会，它旨在改善 DeFi 的治理。社区成员之间激烈辩论的内容包括一项提议，即用该项目金库中的 4000 万美元为更广泛的 DeFi 行业提供"政治防御"资金。

以上只是现今可落地发挥实效的项目，如果我们谈论的是明天可能发生的事情，这些就只是冰山一角。

世界各国的货币当局或财政部可以是 DAO，摩根大通、星展银行、渣打银行、汇丰银行和花旗银行等大型金融机构，以及像高伟绅[3] 这样的大型律师事务所等都可作为社区成员对新的银行业法规进行投票。

提供补助金的政府机构可以是 DAO，其成员可以决定补助金的分配。教会可以运行一个 DAO，执事和教会高级官员可作为成员进

---

① RaidGuild 是一个服务型 DAO，对外提供咨询、设计、全栈开发和营销服务。——译者注

② Uniswap 是一个去中心化交易所，Uniswap 协议相关的变更和治理，最终决策者是 UniswapDAO。——译者注

③ 高伟绅是一家顶尖的英国律师事务所，其伦敦总部设立于 1802 年，迄今已在全球二十多个国家和地区设立代表处。——译者注

行投票以决定如何安排使用资金。工会可以是一个 DAO，工会成员可代表更大的工会集团进行投票。慈善机构可以是一个 DAO，捐赠者作为成员可投票决定资金的使用方式。

你可以在一个社区 DAO 中投票决定火车站应该建在哪里，哪家建筑公司应该得到这个项目，以及是否在墙上加入街头艺术。

难道你不想再一次对我们的未来拥有发言权吗？

2

当全世界成为
你的村庄

· · · · · ·

早期人类交易时期，物物交换的制度存在明显的问题，导致货币的产生。

　　以一个养鸡的农户想要换一头牛为例，如果养鸡的农户所在的村庄没有养牛的农户，那么他就必须带着所有的鸡去集市找到一个愿意交换的养牛农户——交换的价格必须合适，如 10 只鸡换一头牛。如果养牛农户想要 12 只鸡而养鸡的农户却只有 10 只鸡，那该怎么办呢？尽管养鸡的农户知道 4 个月后当新孵化的小鸡成熟时他还会有 10 只鸡。如果每个人都有一些可随身携带、可联结价值和需求的东西用来交易，那一切不就简单了吗？

　　货币的创造发明让我们摆脱了物物交换的复杂性，但它也带来了其他问题。

　　我们的祖先开始使用稀有的贝壳进行交易，因为这在当时被认为是一种具有稳定价值和高需求的东西。在西非，贝壳货币的使用持续到 19 世纪中叶。

　　然而，今天被认为是有价值的货币形式，明天可能就一文不值了。

金、银和其他贵金属在历史上的不同时期都很受欢迎，因为它们可以被熔化并重新利用。从观赏性到功能性，贵金属和稀有贝壳都有广泛的用途，但最终市场需要的是更便于携带、更有价值的东西。

最后，随着我们进入中央集权政府时代，货币体系转变成了纸币，这本质上是一种政府担保的价值形式。

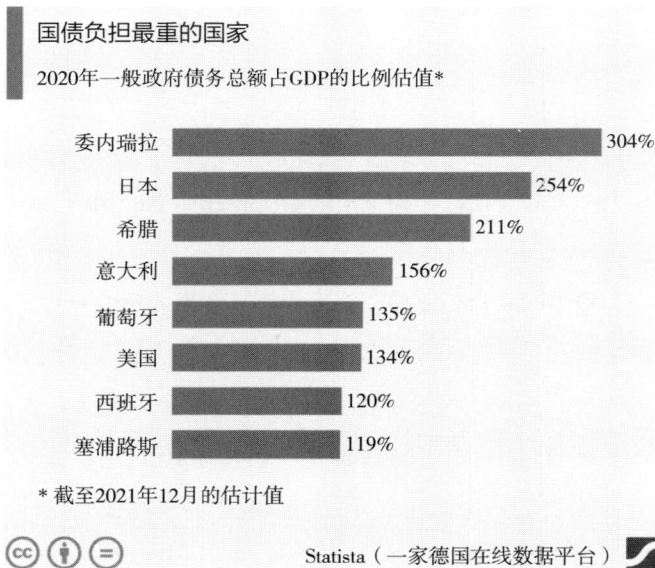

国债负担最重的国家

2020年一般政府债务总额占GDP的比例估值*

国家	比例
委内瑞拉	304%
日本	254%
希腊	211%
意大利	156%
葡萄牙	135%
美国	134%
西班牙	120%
塞浦路斯	119%

* 截至2021年12月的估计值

Statista（一家德国在线数据平台）

图 2.1

来源：Statista / https://www.statista.com/chart/22479/countries-with-highest-share-debt-to-gdp/ / last accessed December 09, 2022 / CC BY-ND 3.0.

但政府真的能保证我们货币的价值吗？根据国际金融研究所的数据，在年复一年地印制数万亿张纸币为战争和灾难（讽刺的是，其中一些灾难是由战争造成的）救援工作提供资金之后，2021 年全球债务规模超过 300 万亿美元，包括政府、企业和家庭的借款。国际货币基金组织（International Monetary Fund，简称 IMF）警告称，目前的全球债务水平已达到极高水平，因新冠疫情大流行，这是自第二次世界大战以来债务激增量最大的一年。

根据《视觉资本》发布的数据，相对于 GDP，2021 年债务水平最高的国家是日本（257%）、苏丹（210%）、希腊（207%）、厄立特里亚（175%）和佛得角（161%）。

历史高位
2020年，全球债务经历了50年来最大的增长
（债务占GDP的百分比）

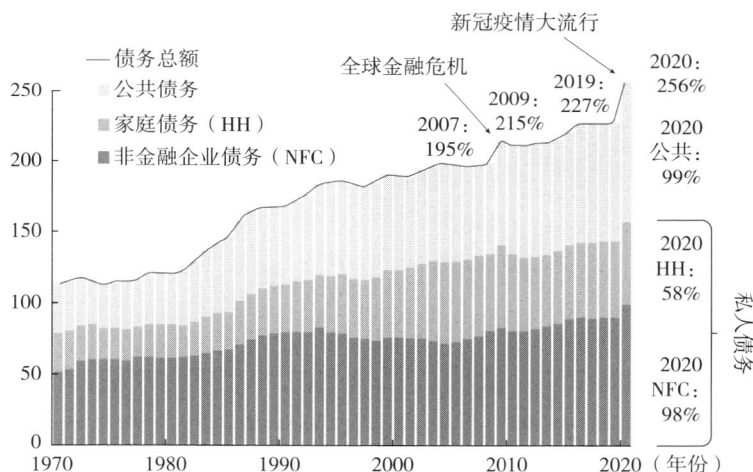

图 2.2

来源：With Permission of International Monetary Fund / https:// www.imf.org/en/Blogs/ Articles/2021/12/15/blog-global-debt-reaches-a-record-226-trillion

曾过度印制本国货币，并从国际货币基金组织大量借款的岛国斯里兰卡，2022 年发生了停电、断网和燃料短缺的全国性动荡。2010年，1 美元约等于 110 斯里兰卡卢比，但如今同样的 1 美元可兑换 362 斯里兰卡卢比。经济危机导致的结果是，该国公众的愤怒情绪在

2022 年达到历史最高点。抗议者烧毁了国家总统的祖居，并冲进总理官邸，使用官邸内豪华游泳池等设施，一些人还在国家领导人卧室里通过电视观看了他出逃的新闻报道。

现在与过去
2020年全球公共债务飙升，一些地区的增长速度超过了全球金融危机时期的增长速度
（占GDP百分比）

公共债务存量

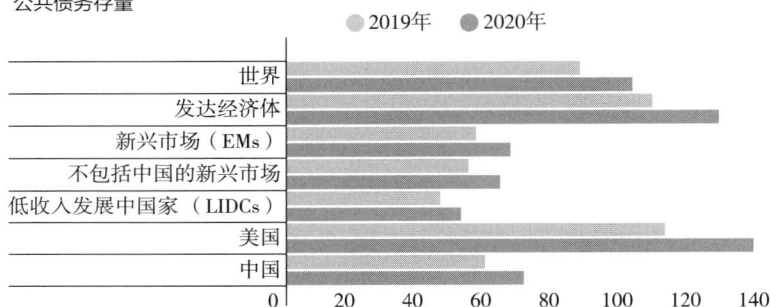

债务变化

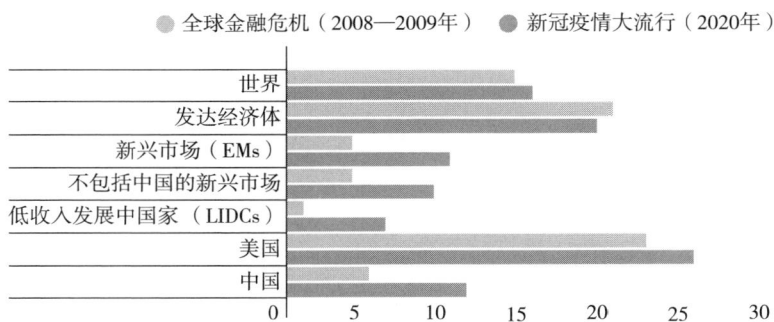

图 2.3

来源：With Permission of International Monetary Fund / https:// www.imf.org/en/Blogs/ Articles/2021/12/15/blog-global-debt-reaches-a-record-226-trillion

　　希腊、土耳其和南美洲部分地区等发生的类似事件表明，中央集权的领导是多么脆弱，一个国家是多么容易陷入经济不确定性的局

面。现在，俄乌冲突影响了世界粮食供应，全球通货膨胀的情况只会更加严重。食物价格已经在飞涨。

截至2021年斯里兰卡未偿外债情况（单位：美元）

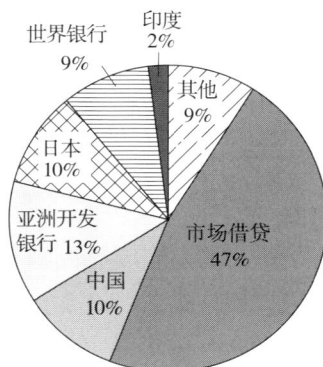

图2.4

来源：Global Times / https://www.globaltimes.cn/ page/202204/1258752.shtml last accessed December 08, 2022.

尽管恶性通货膨胀自法国大革命以来就一直存在，但这个词本身描述的是通货膨胀率每月超过50%的情况。在这种情况下，当地货币将会暴跌。18世纪晚期的法国大革命导致法国经历了有记录以来最高的月度通货膨胀率——143%。

与德国发生的情况相比，这算不了什么，德国的月通货膨胀率在1923年达到了29 500%。经济疲软和民众食不果腹是滋生腐败政客的温床，这些政客往往通过制造恐惧上台。

2022年，美国的通货膨胀率达到8.6%，是过去40年来的最高水平。2022年2月，消费者价格指数（衡量一篮子商品在一段时间内的价格）同比上涨了7.9%。美国人上一次看到价格在一年内增长如此之快是在里根（Reagan）政府时期。通货膨胀的成本给美国家庭每月增加了 296 美元的额外负担。

不出所料的是，通胀正在全球范围内掀起涟漪，其他繁荣国家也受到了影响。

2022 年 6 月，英格兰银行警告称，通货膨胀率可能在几个月内就达到 11%。英国的商品价格正在以每年 9.1% 的速度上涨，这恰巧也是其 40 年来的最高涨幅。

货币供应量的快速增长会引发恶性通货膨胀，当人们忽视这些警告信号时，恶性通货膨胀就会发生。

与当今的财政预算相比，在"9·11"事件后，美国阿富汗战争和伊拉克战争中的支出根本不值一提。

从 2002 年到 2009 年，布什（Bush）政府将财政预算从 2 万亿美元增加到 3.5 万亿美元，每年花费数十亿美元用于军事解决方案，以打击恐怖主义和实施其外交政策。除了诞生新的恐怖组织和分裂组织，它还取得了什么成就呢？如今，美国国家安全局仍然对恐怖袭击的威胁保持高度警惕。随着侵犯隐私的法案获得通过，政府机构在监视公民方面又花费了数十亿美元。尽管它们花费了大量时间和资源来寻找确凿的证据，但至今仍未找到。

拜登总统提出的 2022 年美国财政预算为 5.8 万亿美元。尽管与前总统特朗普在 2021 年提交的 6.8 万亿美元预算相比有所减少，但这仍延续了多年来一直印制更多美元的趋势。随着美国不可避免地卷入持续不断的冲突，这一趋势还将继续保持下去。《纽约时报》报道称，最显著的支出增长是拜登总统提出的 7730 亿美元的军事提案——在涉俄乌冲突方面和对竞争对手野心的担忧下，五角大楼的支出增加了 10%。

《福布斯》指出，白宫预计，拜登计划中的联邦债务规模到 2032

年将达到 44.8 万亿美元，比目前水平高出 15 万亿美元。为筹集这笔巨额资金，拜登计划对最富有的公司征税，这将导致大企业，尤其是能源公司无法在全球竞争中取胜，从而带来更多灾难。短期内，这可能会解决一些问题，但现实情况是，过去每一位美国总统都曾试图这样做，结果并不理想。没有这些公司，美国就无法生存。

美联储还能维持这种情况多久？作为全球经济的顶级消费者，美国能否在全球通货膨胀的情况下平衡预算？

国际货币基金组织已经将今年和 2023 年的全球增长预测下调至 3.6%。经济衰退正在敲响我们的大门。

当我们抛弃黄金时……

当我们的祖先像寓言中的农民一样，不得不想办法解决贸易限制问题时，纸币被中央银行作为一种担保形式运用于贸易活动中，在很长一段时间内，由黄金在背后支持，基于黄金的供需关系比较稳定。

这意味着一个国家不能发行超过其黄金储备的纸币，否则其货币就会贬值。然而，金本位制过于僵化。在历史上的各个时期，都出现过过度开采导致黄金价格急剧下降的情况，而且需求减少作为价格上涨和替代矿物出现的市场反应，也会导致价格下跌。

1944 年，美国已拥有世界三分之二的黄金储备。由于世界其他地区饱受第二次世界大战的摧残，迫切需要资金用于经济重建。出于担心各国会大量印刷自己的货币，从而导致另一次全球经济衰退，44 个国家派代表参加了 1944 年 7 月 1 日在新罕布什尔州布雷顿森林召开的会议。

美国拥有世界上大部分的黄金储备，因此最具讨价还价的能力，最终所有货币都与美元挂钩，而美元本身则与黄金挂钩。

不管其他国家代表有什么顾虑，结论是这是大家都能同意的最佳解决方案。无论其他国家是否乐意，美元都是当时全球货币最合适的选择。这项协议使美国成为世界上最强大的国家。

与此同时，世界银行和国际货币基金组织也应运而生，为欠发达国家提供资金援助，并救助那些正在经历经济危机的国家。

正如预料的那样，对美元需求的增长超过了美国拥有的黄金储备的价值，但美国不断印钞来弥补其他赤字。

这一切在 20 世纪 70 年代初的滞胀期结束——通货膨胀和经济衰退并存的时期，当时美国开始大规模介入越南战争。

美国的外国投资导致国内物价上涨，而国家正经历着经济萎缩。

尼克松（Nixon）总统开始重新评估美元对黄金的价值以对抗滞胀，但这还不够。美国印制了太多的钞票，这开始反过来困扰整个国家。雪上加霜的是，其他不信任美国的国家开始大量购买黄金，这实质上是在挑战美国对其货币支持的黄金及其在现实世界资产中所占份额的担保。

到 1973 年，尼克松完全将美元与黄金脱钩，这意味着对国家的债务不能用黄金偿还，而美元的价值将以其自身或美国联邦政府的担保为基础。

当其 GDP、净出口、经常账户赤字和财政赤字、储备、利率和其他变动参数被考虑在内时，美国政府提供的保证是美国经济将信守其承诺，即 1 美元最终仍将等于 1 美元。

我们所处的价值体系正在崩溃，将以更多的资源冲突、全球饥荒，以及一两个国家控制世界上所有货币的价值而告终。

显而易见，必须建立一种新的贸易体系，而且这种体系不能与传统货币相关联。我们需要重新定义什么是真正的价值。

10 只鸡确实值一头牛吗？我们是否可以将此应用于服务交换？养鸡农户需要等到新孵出的小鸡长大才能出售吗？如果我们能将整个世界变成一个虚拟市场，并配备由 Web3 技术驱动的高效验证系统、智能合约、物流和电子商务，那又会怎么样呢？

到那时，整个世界真的就是你的"村庄"。

贸易腐败

传统的贸易体系早已腐朽不堪。"自由贸易"只在相互友好的国家之间实行，你猜怎么着——许多国家彼此相处得并不好。

因此，各国政府在国际贸易中设置制裁、关税、配额和其他壁垒，或者明确禁止与不友好国家进行贸易活动，同时向那些能够以某种形式回报的国家提供贸易补贴，例如为它们提供军事保护。

再加上一个被美元主导的已经膨胀的货币市场，你现在就有了一个只能用美元购买原油的世界。

在布雷顿森林金本位制结束后，石油美元体系于 20 世纪 70 年代初被引入。与世界其他货币相比，这从根本上给美国带来了不公平的优势。美国与沙特阿拉伯签订了一项协议，石油销售统一以美元计价。

随着美国外交政策涉足那些美国不受欢迎的地方，以及由国会救助的银行业、汽车业和农业等行业的大规模衰退，基于一个政府的决策能力，世界会发生什么，这令人担忧。

贸易不再与个人谋生的自由意志相关联。贸易现在成了政府的武器。

如果我们可以通过 Web3 和区块链改变这种状况呢？

如果整个世界都连接成一个市场，大大小小的交易者可以提供所有可以想象到的物品进行销售或贸易，并将可信任的支付和验证系统加密到智能合约中，我们是否能够绕过强加在当前贸易体系上的严苛规则？

试想一下没有效率低下、带有偏见的组织机构干预的情景。到那时，自由贸易会变得名副其实吗？

去中心化交易、声誉代币和不负责任的网红营销者的消逝

现今，如果一个美国农民想让他的鸡作为商品上市，他就必须去芝加哥商品交易所（Chicago Mercantile Exchange，简称 CME）——一个政府监管的交易所，它负责决定什么可以作为期货合约上市。

从本质上讲，芝加哥商品交易所所做的是将实物资产转化为纸面价值，使其具有可携带性，这样人们就可以对这些资产的未来价值进行交易。资产的审核过程漫长且可疑，而且并不是每个美国农民都有资格将其畜禽列入上市清单。

在由 Web3 创新驱动的世界里，像芝加哥商品交易所这样的机构将失去作用。绕过组织机构中间人，透明度将不再是问题，因为由区块链技术、Web3 和物联网驱动的智能合约将实现验证，而活跃的DAO 将通过所谓的声誉代币来监督交易者的行为和操守。

我会将这个新的美丽的全球市场称为 Barter 2.0（"物物交换 2.0"）。

小型交易者只需要互联网和智能手机就可以进入这个市场，并可在全球范围内开展业务。在冲突和政府制裁扰乱传统市场和货物进出

口的非洲国家已经在这样做了。

通过将库存数字化，交易者可以将其作为质押品，以获得稳定币贷款并扩大业务规模。现在，农户因缺少两只鸡而无法进行交易的困境不再是一个问题。

交易者想要销售或交易某一产品，只要可以通过现有技术验证为未来一定具有飞跃式发展的潜力，就可以被代币化为数字资产。农民将不再需要等待作物生长才能出售它们。通过将他们的预测代币化，他们将能够与买家签订智能合约或与他人进行交易，并可在交易成功后立即兑现。

作为衡量交易者可信度的指标，声誉代币（Reputation Token，简称 RT）将发挥巨大作用，这已超出当今的验证技术水平。使用这些代币，DAO 将出现负责 Barter 2.0 上社区某些方面的监督管理工作。在类似足球罚牌的简单情景中，红色 RT 可以用于严重违规行为，DAO 可能会禁止交易者使用该平台。相反，绿色 RT 可以用于奖励交易者的良好行为，橙色 RT 可以是交易者在被禁止之前得到的警告。

可以将声誉代币视为去中心化社会的去中心化信用评分。现在顾客的意见确实很重要。美国政府的监管是有缺陷的，有罪的交易者往往只需缴纳罚款即可脱身，但罚款相对他们的财富水平来说只是九牛一毛。想想那些利用自己的名气通过销售有问题的产品成为所谓企业家的名人或网红。如含有违禁物质的减肥产品，这些产品会产生不良作用——不管你信不信，这在马来西亚是一种合法的、由网红营销推动的蓬勃发展的本土产业，它正在引发一场迫在眉睫的医疗危机。

某一帖子在脸书（现在为 Meta）平台上有很多点赞，并不意味着它对你有益。社交媒体巨头的算法会根据收到的用户反应和参与度调整帖子的传播，因而可能扩大那些含有不良行为内容帖子的传播范围。当人们追随网红并进一步传播上述信息时，这会导致愚蠢行为和阴谋诡计的循环，而这些信息的传播本可以被阻止，这能够经由 DAO 和声誉代币消除那些通过不良行为施加影响的人的可信度来实现。

我们越早扼杀那些基于不负责任行为的网红营销，世界就会越早进步。

真爱无价……

除了在贸易中具有可携带性的好处，货币基本上是无用的。货币印在纸币上的价值，由政府担保，而世界上诸多政府正在崩溃。

在 Barter 2.0 经济中，价值贸易将发生演变。进入当今劳动力市场的这一代人（Z 世代）已经开始采用数字经济，并将人类带向数字经济。可以肯定地说，我们已经走过数据互联网时代，现在正处于货币互联网时代，而且还将继续发展。

加密货币和 CBDC 将在 5—10 年内成为主要货币。无论政府如何抵制，它们最终都有望成为这个新世界（一个我们可以基于Web3 架构的理论概念来构建的世界）的一部分。无论哪个政府能够将这项技术整合到现有流程中，都能率先从中获益，并领先于其他政府。

站在时代的前沿，便可取得领先的优势。我们将会看到一个飞跃，人类将不再用金钱和资产进行交易，而是用他们的技能或对所热爱事业的激情进行交易。

我们已经知道价值不会停留在货币系统中。如前文所述，原始人类过去用稀有贝壳、黄金和其他金属作为货币进行交易，直到纸币和银行的诞生。但大多数历史学家和人类学家都认为，在古代部落之间还存在另一种常见的交易方式，即通过善举进行价值交换。

部落成员并不计算物品、工具、食物或战利品的价值，而是将它们视为善举。毕竟，作为狩猎者和采集者，他们已经在分享食物了。

例如，赠送给邻居一条项链，可以通过善举与帮助获得回报，如在自己生病时被施以关心和照顾。

很奇怪但又自然的是，由于这些部落都是小规模且紧密联系的社会，这种"让爱传递出去"的做法很普遍，即部落成员会通过善待部落中的其他人回报他人的善意。

Barter 2.0 带来了新价值层面，虽然这些价值目前还未被纳入全球 GDP 中，人类很可能会不再用货币衡量价值，而是回归"让爱传出去"的古老做法，在那里价值不是从现金中获得的。

当我们不再是试图在荒野中生存的小群体时，当我们有账单和水电费需要支付时，当全球经济基于供给和需求时，价值交换将如何运作？

答案是多样的。只要有愿意的买家或者令人满意的交易，任何东西都可以被货币化。这包括服务和创意产业以及我们的时间。律师可以提供法律咨询以换取家政服务，医生可以治疗艺术家，而艺术家可以用 NFT 艺术品来支付，乐善好施与见义勇为的人可以因社区工作而获得声誉代币奖励。

人类已经经历了从价值交换（物物交换）到价值存储（黄金）再到货币发明的过程，现在我们又回到通过有意义的行动进行价值交换的时代。这是我们希望创造的未来，它也将是一个丰富多彩的未来。

技能和服务是我们可以提供的核心内容，因此我们可以期待零工经济（gig economy）的繁荣。由于大多数人都是多才多艺的，每个人都会有多种收入来源。

如果我们都能找到一种令人满意的交易方式来互换技能和服务，那么这个世界早就不再有货币的概念。但遗憾的是，某些精英群体让我们保持现状，因为他们制定了规则。这一点在内容创作行业中表现得最为明显，现在以及在不久的将来，该行业都将被按需流媒体公司[1]主导，这些公司会取代传统好莱坞和音乐唱片公司在 Web2 互联网时代之前所扮演的角色。

在内容创作和媒体方面，随着创作者在全球范围内展开竞争，个性化将推动未来产品和服务的发展。随着区块链存储能力的增强，一个新的创作者经济将会诞生。在区块链上购买完整电影和音乐专辑将成为可能——将所有权与创作者或艺术家捆绑，确保版税的合理流动，并颠覆奈飞[2]和 Spotify 等流媒体巨头。内容创作者将能够在区块链上托管自己的创作，并省去中间人这个环节。

Barter 2.0 经济最终将带来天下一切事物的数字化或代币化——所有资产，包括技能组合和资产的潜在价值（期货）。在 Web3 市场上，没有哪种现实世界的东西是你无法购买的，该市场将每周 7 天、每天 24 小时开放。

当然，我们都能看到其中的价值。

---

① 按需流媒体公司是指提供按需观看视频内容的公司。——译者注

② Netflix，美国奈飞公司，又称网飞，是一家会员订阅制的流媒体播放平台，成立于 1997 年，总部位于美国加利福尼亚州洛斯盖图。——译者注

3
新的中心化

一个国家的货币流通和新货币的创造是由其中央银行管理的。在危机时期，中央银行可以通过好或坏的政策来拯救或破坏经济。

中央银行的设立是为了执行货币政策和控制国家的货币供应，在宏观层面，其通过调整利率，促进公开市场操作，以及控制经济中的现金流和国家贷款来实现这一目标。

中央银行还通过设定商业银行的准备金率，即设定商业银行必须以现金形式持有的存款比例，在微观层面上发挥作用。一旦商业银行的准备金低于设定水平，就可能会向其中央银行寻求帮助。

正如前一章所述，货币不是凭空印制的，在放弃金本位制之后，货币价值应该得到国家经济增长和（良好）前景的支持。因此，通过向经济中释放新的现金来增加国家的货币供应量等重大经济决策，必须由一个不受统治政权影响的独立实体即中央银行来指导。

中央银行的职责是保持低水平的、可预测的通货膨胀率和稳定的GDP增长，如果政府的财政预算过于膨胀或偏重企业利润而忽视公众利益，中央银行可以有效地修改或拒绝政府的财政预算。

我们可以把中央银行看作政府的银行。由于货币是由政府对美好明天的承诺支持的，中央银行就有责任对政府的支出进行现实核查。印更多的钞票将导致更剧烈的通货膨胀；然而，（决策者）辩护的理由是需要印更多的钞票来刺激 GDP 增长，从而随着经济的增长创造更多的就业机会。因此，中央银行必须确保政府明智地使用这笔钱，而不是过度印制货币就好像钞票可以凭空出现那样，这一点非常重要。

1668 年，瑞典国会成立国会银行。这是世界上最古老的中央银行之一，负责监管商业银行和国家经济。两百多年后的 1913 年，在一系列金融恐慌导致需要对国家货币体系进行中央控制之后，美国的中央银行系统——美国联邦储备系统（美联储）正式成立。

第二次世界大战之后，在布雷顿森林会议上，因为美国拥有世界上大部分的黄金储备，世界决定使用美元作为全球贸易货币。然而，当尼克松总统决定将美元与黄金脱钩时，限制美元印制的界限在某种程度上就被消除了。

金本位制的主要批评声音之一是新铸造的黄金的供应不够灵活，跟不上不断增长的全球经济，最终导致金本位制不复存在。一个国家可能也无法跟上通货膨胀的步伐，如第二次世界大战后，当时主要是欧洲和亚洲需要额外的贷款，战争几乎摧毁了所有城市和经济，而大洋彼岸的其他国家作为西方列强的殖民地，依赖西方经济，受到代理人的影响。

通过与黄金脱钩，尼克松赋予美联储和美国政府更多的权力来驾驭全球经济，方法是印制世界贸易货币即美元，且不受金本位制的限制。美元现在的价值是美国政府根据其 GDP 和其他可变动的经济参数所确定的价值。

尽管金本位制有其弱点，但纸币与实物资产挂钩，可通过限制印制的货币供应量来控制通货膨胀。而且政府在冒着加速通货膨胀的风险之前，对可以印制多少货币将有一个实实在在的上限。

作为世界贸易货币的唯一监管机构，美联储肩负着责任，需要不受美国政府的影响而独立运行。

由于其复杂性，关于谁拥有美联储出现了许多阴谋论，然而，在找出真相的过程中有可能会面临一个更大的问题。

谁拥有美联储？

自南北战争以来，美国经济经历了数次萧条时期，全美范围内的恐慌导致人们同时到银行提现。商业银行没有中央银行的支持，因此一旦破产，没有人可以拯救它们。正因为如此，破产的传闻毁掉了原本健康运行的银行，并使其破产。

很显然，需要中央银行来联合该国的银行，并在必要时对它们进行救助，这是大家唯一能达成一致的事情。

国会通过立法创立中央银行后，又经过五年的激烈辩论和谈判，才达成一个结论。银行家担心政治家的干扰，希望中央银行尽可能地独立于华盛顿。与此同时，政府需要资金用于财政预算和外交政策开支，因此也并不完全信任银行家。

约翰·摩根（John Morgan）领导的一个精英俱乐部坐落在乔治亚州杰基尔岛的度假胜地上，由美国最富有的银行家、实业家和商人组成。这里距离国会山数百千米之遥，在这个地方，成员们构思着美国第一家中央银行的样子，而其拥有任何一家中央银行从未有过的权力结构。最终在1913年，美联储诞生了。

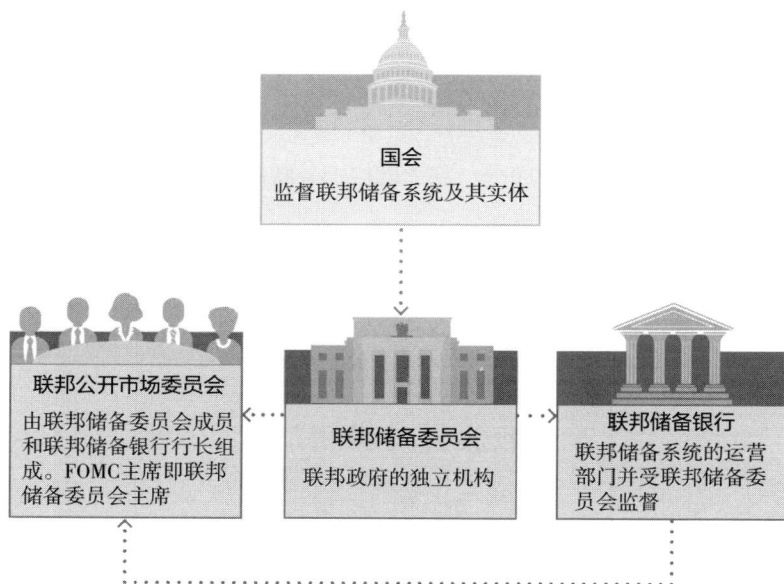

图 3.1

来源：联邦储备委员会。

美国联邦储备系统，简称美联储，是为了让政策制定者能够听取包括美国公众在内的各方意见而设计的，由联邦储备委员会、地区储备银行和联邦公开市场委员会（Federal Open Market Committee，简称 FOMC）共同管理。联邦储备银行由 12 家地区储备银行组成，这些地区储备银行由当地银行家和商人进行管理。

尽管美联储不归任何人所有，但它通过华盛顿特区的联邦储备委员会与政府合作，而联邦储备委员会是联邦政府的一个机构，向国会报告并直接对国会负责。

联邦储备委员会由 7 位委员组成，成员由总统任命，并经参议院批准。这 7 位委员在 FOMC 中都拥有投票权，且占投票多数，FOMC 其余的 5 个投票权则来自地区储备银行行长（FOMC 由 12 位投票成员组成）。

FOMC 决定美国的货币政策。其目前的任务之一是实现 2% 的长期通胀目标。

为限制总统的权力，其每两年只能任命一名联邦储备委员会委员，任期为 14 年。联邦储备委员会为联邦储备系统提供一般指导，并监督 12 家地区储备银行，这些地区储备银行为其所在地区的商业银行提供银行服务。联邦储备系统的 12 家地区储备银行中的每一家都归其成员银行所有，这些成员银行最初通过提供资本换取这些储备银行的股份。

出席国会听证会时，联邦储备委员会每年两次向国会提交关于近期经济发展情况及其货币政策计划的货币政策报告。经独立审计的联邦储备系统财务报告和 FOMC 会议记录均公开披露。

根据法律规定，美国的银行必须将其资本的 6% 存放在其地区储备银行中。这些资本被兑换成不能出售的股份。作为替代，这些股份赋予股东在其地区储备银行委员会中关于委员会董事约三分之二的投票权。规模较大的银行会有更多的资本盈余，自然也会有更多的股份和影响力。

那么，到底谁拥有美联储呢？可以说是美国所有的大型银行。这份完整的名单长达 150 页，但有几个名字非常突出。

纽约联邦储备银行管辖着华尔街，它是美国最重要的地区储备银行，也是美国联邦储备银行网络的组成部分。除了公开市场操作，纽约联邦储备银行还为联邦储备系统和美国财政部在外汇市场进行交易。正由于这个原因，纽约联邦储备银行行长，同时也是 FOMC 副主席，是唯一一位在 FOMC 中拥有永久投票权的地区储备银行行长。

猜猜有多少商业银行拥有纽约联邦储备银行的大部分股份？

答案是只有两个，即花旗银行和摩根大通。花旗银行持有 42.8% 的股份，而摩根大通则持有总股份的 29.5%。自 2007 年以来，这两家巨头持有的股权比例没有太大变化，2007 年摩根大通持有 41.7% 的股份，花旗银行持有 36.6% 的股份。

引用华盛顿特区卡托研究所货币与金融选择中心主任乔治·塞尔金（George Selgin）在由机构投资者发布的一篇报道中的话："美联储正面临着一项艰巨的挑战。它正试图在其运作变得更加复杂的同时提高其透明度。这是一个很难实现的任务。"

美联储是为美国公众而创建的，旨在带来稳定，但它是否在全球范围内制造了更多的通货膨胀和痛苦呢？

让世界完美和谐地歌唱

当今世界上几乎每个国家都使用中央银行制定货币政策。少数没有中央银行的国家都是人口较少的岛国，且主要使用美元和欧元进行贸易。

中央银行通常购买资产以帮助支持其金融体系。

可以说，现在几乎整个世界都在一个以美国及其盟国为中心的中心化货币体系下运行。然而，在国际货币基金组织充当监管者，世界银行救助陷入贫困的国家的情况下，情况真的那么糟糕吗？

凯瑟琳·格温（Catherine Gwin）在其书《美国与世界银行的关系，1945—1992 年》中写道："纵观国际复兴开发银行（世界银行）的历史，美国一直是最大的股东和最有影响力的成员国。美国对世界银行的支持、压力和批评对世界银行的发展及其政策、计划和实践的演变至关重要。"

世界银行和国际货币基金组织仿佛是美国政府及其盟国的工具，美国及其盟国过去曾为了资源和利益而征服过一些国家，也支持过一些违反国际人权条约的独裁政权。另外，美国政府可以向这些金融机构施压，要求它们停止向某些国家提供贷款，例如第二次世界大战后，其因法国共产党参政就拒绝向法国发放贷款。

格温在她的书《世界银行，其前半个世纪》第二卷中详细阐述了美国与世界银行的关系。

（世界）银行的最高管理层花在与美国会面、商议和回应美国方面的时间比与其他成员国的时间都要多得多。尽管多年来这种专一的互动几乎没有改变，但美国动员其他成员国支持其观点的方式发生了很大变化。最初，美国占主导地位，实际上，它的立场和委员会的决定几乎没有区别。

该书甚至指出"美国一直将包括世界银行在内的所有多边组织视为外交政策的工具，用于实现美国的特定目的和目标""对于多边合作所依赖的建立共识的过程，美国常常感到不耐烦"。人们通常会认为，美国政府作为世界金融机构监管者应该持有正义的观念，但该书打破了这个先入为主的观念。

格温在这本书中讲述了美国和世界银行之间的关系在这些年是如何变化的："对遏制共产主义的关注，以及美国在世界上相对实力的变化，在很大程度上解释了过去 50 年美国与世界银行关系的演变，"并补充道，"南方的债务危机和东欧共产主义的崩溃，使美国重新对世界银行产生了兴趣。"

在这种情况下，现在的金融体系似乎是我们所能要求的最好的；

然而，随着全世界都在拥抱数字货币，一切都将变得更加中心化。

中央银行数字货币和数据采集

如果加密货币是为了实现金融自由化，正如我们在 DeFi 运动中所看到的那样，那么 CBDC 则相反，是为了让我们更加接近中心化，并赋予中央银行在金融史上前所未有的权力。区块链摆脱了中间人，但 CBDC 将不可避免地使中间人可以访问我们所有的金融数据。我们即将开始一个无止境的金融监视和控制的新时代。

虽然 CBDC 将使洗钱等犯罪活动变得更困难，但推动这种新型数字货币向前发展的是交易速度加快带来 GDP 增长的承诺。一些金融机构，如英格兰银行（英国的中央银行）认为它可以抵御通货膨胀，而另一些机构则表示采用 CBDC 的国家将会从集中的流动性中受益。

CBDC 是可报告的、不可改变的、可追踪的，并且任何人都可以通过互联网访问。只要点击一下按钮，你就可以查看所有收入和支出，因此不会出现逃税的情况。

由中央银行控制的数字货币无疑会让我们的经济金融活动信息更为透明，在这种情景下数字钱包的信息将被录入数据库供政府分析，甚至被给予信用评分，就像银行使用你的信息来履行"了解你的客户"（Know Your Customer，简称 KYC）准则，以识别业务关系中涉及的适宜性和风险一样。

未来，保密法可能依然存在，但法律会在多大程度上保护被政府机构指控的人呢？目前，大多数国家的法律规定，政府机构需要法院命令才能调查金融数据。未来，政府将不再需要法院命令，因为其完全可以有权访问你的数据。

与加密货币一样，CBDC 也将在区块链上运行。

在过去 10 年中，各国政府允许加密货币在其国内运行和交易的部分原因是，它们需要看到试行的情况。在加密货币出现之前，举国范围内从纸币转向数字货币是不可能的，因为这对公众的冲击太大。

考虑到当时的网络安全问题，黑客攻击令人担忧，因为当时还没有使用分布式账本技术进行验证的计算机网络，就像我们现在使用区块链一样。如果在此之前引入 CBDC，一次黑客攻击就可能破坏整个国家的经济稳定。

今天的世界更加精通技术。我们有 NFT、游戏货币和其他可普遍交易且具有流动性的数字价值形式。从纸币到 CBDC 的转变将几乎毫不费力地得到公众的支持。

还有什么是真实的吗？

我们与远古祖先不同，他们使用稀有贝壳和矿物进行贸易活动。但就在 20 年前，我们还很难向街上的行人解释数字货币的概念。

在未来几年里，我们很可能会看到 CBDC 接管世界贸易；一些国家已经开始这样做了。

然而，CBDC 归根结底还是会像纸币一样发挥作用，并且存在着种种缺陷。由于没有现实世界资产的支持，CBDC 仍然是与政府承诺挂钩的法定货币。

现在具有讽刺意义的是，旨在带来自由和公平的 Web3 工具，却被我们委托保护经济安全的那些人转头用来对付我们。公众越了解全球金融体系正在发生的事情，就越会产生不信任。因此，人们一致认为只有将货币转化为土地或股票等具有实用性的有形资产时，货币的价值才是安全的。然而，即使是这些资产也可能会发生膨胀，并在市场发生恐慌时崩溃。

稳定币是一种中介货币，它由现实世界的资产支持，是一种加密货币，旨在保护其免受波动性的影响，这种波动对使用加密货币进行支付或者作为价值贮藏手段提出了挑战。

稳定币与加密货币投资者疯狂收益和损失的炒作相反，因为稳定币试图与法定货币保持恒定汇率。

与商业银行的运作方式类似，Tether（USDT）[1]、USD Coin（USDC）[2]和 Zytara USD（ZUSD）[3]等中心化稳定币通过借贷和投资来赚钱。这是通过部分准备金制度来实现的，其中只有一小部分存款以实物现金作为支持，投资者可以在任意时间提取这些现金。

这三种稳定币都与美元挂钩，可按 1∶1 的比例兑换。

Tether 在其网站上宣称"100% 由 Tether 储备"支持。Tether 隶属于 iFinex。iFinex 是一家在香港注册的公司，还拥有 Bitfinex 加密货币交易所。Tether 的大部分储备是现金和普通现金等价物。在最新的保证意见中，Tether 披露，目前其储备中超过 55% 的是美国国债，而商业票据目前仅占其金库的不到 29%。Tether 可以帮助投资者在加密货币市场和传统金融体系之间转移资金。

---

[1] Tether（USDT）由 Tether Limited 于 2014 年推出，是与美元挂钩的稳定币。——译者注

[2] USD Coin（USDC）是稳定币的一种，它与美元挂钩。——译者注

[3] Zytara USD（ZUSD）由金融科技公司 Zytara 推出，并与 Prime Trust 合作。该平台可实现加密货币的支付、托管和结算。——译者注

根据 USDC 的月度报告, USDC 只持有现金和短期美国政府债券。USDC 储备由贝莱德（BlackRock）和纽约梅隆银行（BNY Mellon）等美国金融机构监控和管理。USDC 是由 Circle 和 Coinbase 捐款资助的开源金融科技项目 CENTRE 构思的，并由该组织管理，其目标是将公众和全球所有商家、金融机构和货币连接成一个独立稳定的金融体系。

出于让加密货币对用户更加友好的愿望，USDC 被开发出来，目的是让小型企业和个人也能使用，而不仅仅是大公司。USDC 提供开源智能合约，允许公司创建和开发自己的区块链产品，如钱包和交易所。

ZUSD 创建在以太坊区块链上，是一种可以像电子邮件一样轻松发送和接收的数字货币。每枚 ZUSD 都由一家受监管的金融机构发行，且可以通过 Prime Trust 以 1∶1 的比例兑换美元，并接受独立会计师事务所的审计，而且报告也会定期公开。

ZUSD 和其他基于区块链的资产为未来的金融、电子竞技、游戏和大量其他应用而设计，试图在全球社区内实现金融连接，解决行业在交易方面的诸多痛点，同时促进金融包容性发展和金融知识普及。

自 2022 年中期 TerraUSD（UST）[①] 倒台以来，美国政府围绕稳定币的运作方式制定了严厉的法律框架。美国国会新近提出一项法案，将对稳定币发行商必须持有的支持资产数量等进行规定。最新介入的监管机构是纽约州金融服务管理局（DFS），该部门发布了关于以美元为支持的稳定币发行的公开指导意见。

---

① TerraUSD（UST）是一种算法稳定币，UST 的价值是由 LUNA 来支持的，并使用一种独特的算法来始终保持"1 UST = 1 美元"的价值。——译者注

尽管有些人密切关注 UST 的市场新闻，但随着监管机构实施这些新的检查措施，以美元为支持的稳定币作为交易的替代品似乎更有前途，而且它还可以使你的金融信息与政府之间保持一定的距离。

除了实现稳定性、中介性（充当数字货币与法定货币之间的中介货币），稳定币还使更多元选择成为可能。随着我们在一个不仅越来越小而且越来越不私密的世界中前进，除了 CBDC，我们总会有其他选择。

你不可能总是得到你想要的……

（设计者一直在坚持不懈地努力使得）去中心化、安全性和可扩展性这 3 个变量协调运作，以便 DeFi 能够为整个世界服务。但现实情况是，这些要素设计互相矛盾。

"区块链不可能三角"（又称"区块链三难困境"，也可被称为"可扩展性三难困境"）[①] 是一个术语，用于概念化在不损害或削弱其他变量的情况下强制执行每一个变量的棘手行为。人们经常用平衡工作生活与娱乐和睡眠来类比，甚至用服务行业中臭名昭著的难题来打比方，即客户希望一切都能快速、便宜、高质量地交付。

---

① 区块链所面临的"不可能三角"是指无法同时满足去中心化、安全性、可扩展性这三项特性。——译者注

可扩展性三难困境

可扩展性

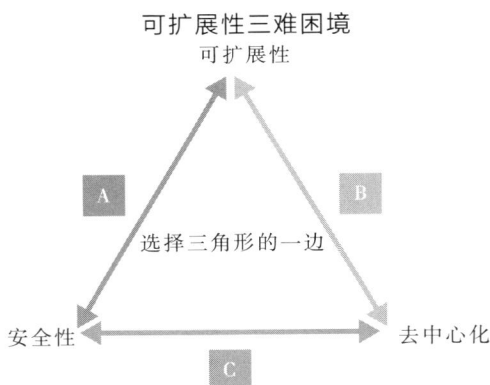

选择三角形的一边

A

B

安全性

去中心化

C

图 3.2

来源：Medium Michael Zochowski /https://medium.com/logos-network/everythingyou-know-about-the-scalability-trilemma-is-probably-wrong-bc4f4b7a7ef

　　第一个变量是去中心化，是指为摆脱中央集权而分配权力的行为。就区块链而言，我们拥有为系统提供动力的各个节点（一个遍布全球的超级计算机网络）。节点越多，区块链的去中心化程度就越高，而这正是去中心化的目的所在。然而，由于节点越多，达成共识和验证传输所需的时间就越长，因此处理交易的时间也就越长。

　　虽然这是去中心化和安全的，但可扩展性会受影响，因为我们必须等待整个网络集体达成一致意见，而且与单个实体验证的交易相比，效率也是低下的。Visa[①]可以处理多达 1700TPS（Transactions Per Second，每秒交易量）[②]，而比特币只能处理最多 5TPS。

　　使用工作量证明（Proof-of-Work，简称 PoW）共识机制的区块链，即计算机消耗能量来随机创建唯一的哈希值以处理交易，从某

---

　　① Visa 是一个信用卡品牌，由位于美国加利福尼亚州旧金山市的 Visa 国际组织负责经营和管理。——译者注
　　② TPS 是一个表达系统处理能力的性能指标，表示每秒处理的消息数。——译者注

种意义上来说是安全的，因为黑客需要控制超过 51% 的网络才能操纵结果。但是它们不具有可扩展性，因此对普通公民来说并不完全实用。

以太坊则转而采用了权益证明（Proof-of-Stake，简称 PoS）共识机制，节点无须求解复杂的数学公式，而是要求验证者质押一定数量的加密货币作为质押品，这可以看作在解决区块链三难困境上向前迈进了一步，同时也进一步促进了区块链去中心化目标实现。

只有具备相应能力提供质押品的验证者才可以参与处理交易，因此符合条件的节点将减少，从而减少了处理交易所需的时间，提高了可扩展性。据报道，以太坊 2.0 的处理速度将能够高达 100 000TPS，比 Visa 的处理能力高出数十倍。PoS 的安全性也得到加强，因为黑客需要拥有总共质押的加密货币的 51% 才能发起劫持。

PoS 的弱点在于去中心化程度较低。由于验证交易的权力掌握在少数人手中，许多人认为这与区块链去中心化的目标相违背。

十多年来，开发人员一直在绞尽脑汁，试图找到"区块链不可能三角"难题的解决方法。许多区块链公司已经对其系统实施 Layer 1（一层网络）和 Layer 2（二层网络）变革，以努力创建每个人都可以安全采用的完美共识系统。

例如，Algorand[①] 区块链正试图通过随机选择验证者，使 PoS 更加去中心化。

Zilliqa[②] 和以太坊 2.0 等区块链正在使用一种名为"分片"的技术

---

① Algorand 是一种专注于可扩展性和去中心化的纯权益证明区块链。它拥有自己的区块链、加密货币和智能合约。——译者注

② Zilliqa 是一个区块链，它主要基于"分片"的概念，旨在提高比特币或以太坊等加密货币网络的可扩展性。——译者注

来解决可扩展性问题，即将交易组分解成许多"分片"，然后由网络并行处理，通过允许节点批量验证交易来加速处理过程。

Layer 2 解决方案对区块链网络进行了补充，建立在基础区块链层之上，并作为一个独立层存在。这些升级不一定能解决三难困境，但有助于提高现有流程的效率。例如，比特币引入的 Layer 2 升级解决方案，被称为闪电网络，使这个加密先驱能够处理更多的交易，并弥补了比特币当前形式下存在的主要弱点：可扩展性不足。

最令人兴奋的发展之一是区块链协同工作的潜力。目前世界上有超过 20 000 家区块链公司，但这些区块链之间不具备互操作性。这意味着它们差不多是各自为政，彼此之间几乎没有沟通的渠道。

如果区块链能够联合起来，它们就可以利用彼此的优势并针对各自的弱点形成弥补劣势的解决方案。区块链可以在治理方面独立运行，就像它们现在正在做的那样，但也可以联合起来，让世界更加接近大规模去中心化。

在 DeFi 运动中，许多人都倡导互操作性的理念。特别是 Polkadot[①]，Polkadot 是一个试图通过将"中继链"集成到其核心编程中以实现更高的可扩展性，进而实现区块链合作的协议。Polkadot 使用"平行链"，即连接到主中继链的独立区块链，旨在支持单个网络上的多条区块链。位于 Polkadot 网络上的区块链将获得最高的附加安全性，但仍然可以独立运行。

Polkadot 的验证机制使用的是进化后的 PoS。提名权益证明（Nominated Proof of Stake，简称 NPoS）与 PoS 的不同之处在于，

---

① Polkadot 是一个可扩展的异构多链区块链。由一个协作的去中心化区块链网络组成，这个网络叫作中继链，与并行运行的平行链交互。平行链共享中继链的安全性。——译者注

NPoS 拥有验证者和提名者，且验证者和提名者都会因其在去中心化和安全性方面的作用而获得奖励。

验证者都是实际的节点，他们质押 DOT 代币（Polkadot 的原生代币）来评估中继链上的交易，而没有必要质押的提名者则通过提名可信赖的验证者来确保中继链的安全。这就好比有两组验证，而不是一组验证，一组是针对交易本身的验证，另一组是针对验证者的验证。

如果没有开发人员在"区块链不可能三角"难题上的奋力拼搏，区块链行业就不可能发展到现在的水平。未来我们将会看到更多区块链平台的整合，因为社区已经意识到，要解决根本性问题，并创造出我们都渴望有一天能够目睹的未来无银行世界，就需要合作与共识。

4
巴别塔 2.0

巴格达以南约 9 万米处，在伊拉克灼热的阳光下，从 1899 年到 1914 年的 15 年间，二百多名工人每天都在辛勤工作，挖掘古巴比伦遗址。

　　英国亚述学家克劳迪乌斯·詹姆斯·里奇（Claudius James Rich）早在一个世纪前就确定了这一遗址。在德国考古学家罗伯特·科尔德维（Robert Koldewey）的领导下，勘探从一开始就取得了丰硕的成果。仅第一年，巴比伦中央游行大街的遗迹就被发掘了出来，让现代世界第一次看到了这座已从地球表面消失的"城市之城"，它要么是被沙漠吞噬，要么是在多次入侵中被摧毁。

　　随后，巴比伦空中花园和尼布甲尼撒国王的宫殿被发掘出来，这让世界更加惊叹，同时也重新激发了人们对圣经学术的兴趣，以及对与巴比伦城及其统治者有历史渊源的各种宗教研究的关注。

　　然而，罗伯特·科尔德维将巴比伦的各种民间传说、宗教和文献记载联系在一起，发现的正是埃特梅南基（Etemenanki）。从空中俯瞰，埃特梅南基的地基遗迹、外墙和内墙清晰可见，这座庞大的建筑是一座献给巴比伦神马尔杜克（Marduk）的金字形神塔。

尽管当今世界上许多基督徒都认为埃特梅南基就是《圣经》中的巴别塔，但科尔德维的发现不仅使这一理论变得可信，还为这一古代世界奇观的寓言如何在其毁灭后的漫长岁月里继续影响全球文化和宗教提供了更多可能性。

埃特梅南基在古苏美尔语中的意思是"天地之基神庙"，其遗迹现在作为舍恩藏品的一部分被保存起来。被挪威私人收藏保存的大量文物中包括埃特梅南基的石碑——一种黑色的礼仪石，可作牌匾使用，用于在建筑上刻下统治者的官方说明或信息。

在这块石碑上发现的尼布甲尼撒二世国王宣言的译文指出，国王"动员了所有国家""每一位统治者"来建造它。

埃特梅南基即巴比伦金字形神塔被描述为："天地的基本住所，即天地之基，巴比伦的金字形神塔。"

　　我是巴比伦的国王尼布甲尼撒，为了完成"埃 - 特门 - 安基（E-TEMEN-ANKI）"和"埃 - 乌尔 - 梅 - 伊明 - 安基（E-UR-ME-IMIN-ANKI）"的建造，我动员了世界各地的所有国家，动员了每一位被提拔到深受马尔杜克喜爱的世界人民之上的统治者，从海的这端到那端，再到遥远的国家；从世界上各族人民到偏远山区和遥远岛屿的国王……我完成了它，使其顶端伸向天堂，让它像太阳一样闪闪发光。

——维基共享资源（罗伯特·科尔德维 / 公有领域）

埃特梅南基是何时开始建造的尚不清楚，但历史学家一致认为，几个世纪以来，它曾被几代统治者多次摧毁和重建。

图 4.1

来源：Robert Koldewey / Wikimedia Commons / Public Domain/https://www.schoyen-
collection.com/history-collection-introduction/babylonian-history-collection/tower-
babel-stele-ms-2063

图 4.2

来源：Robert Koldewey / Wikimedia Commons / Public Domain/https://www.schoyen-
collection.com/history-collection-introduction/babylonian-history-collection/tower-
babel-stele-ms-2063

　　可以说，随着许多游牧部落路过巴比伦，一些部落在巴比伦定居
下来，关于埃特梅南基起源的各种版本开始记载在宗教神圣的经文
中，包括基督教、犹太教和伊斯兰教等近邻宗教，印度教及缅甸克伦
族、亚利桑那州托赫诺奥哈姆族和博茨瓦纳和波利尼西亚等遥远土地
上的宗教。

这些关于埃特梅南基的大多数记述和版本都与人类渴望到达天堂或者获得与神同等的权力水平有关。

在基督教和犹太教中，人们普遍认为巴别塔是一个寓言故事，讲述了人类在反抗上帝时的傲慢和堕落，同时也认为它是解释世界语言的起源神话。

在《圣经》中，巴别塔是诺亚及其后裔在大洪水中幸存后发生的事件之一。《旧约圣经》的第一卷《创世纪》第 11 章 1—9 节讲述了这一故事，并解释了人类语言多样性的存在。

在《圣经》的开篇内容中，巴比伦人为了出名，集体决定建造一座强大的城市和一座"塔顶通天"的建筑。学者指出，巴比伦人也是为了逃脱上帝的愤怒，以防他再发一次洪水重置世界。

看到这些人不断进步，上帝很不高兴，于是让他们说不同的语言，打乱他们的工作。由于工人们听不懂彼此的语言，无法一起工作，于是出现混乱，共识也破裂了。巴比伦——考古学家在 20 世纪发现的伟大城市，随后出现了。犹太著作《犹太古史》称这座城市和这座塔的第一次建造尝试是由诺亚的曾孙宁录（Nimrod）国王带头做的，但这座城市和这座塔从未完工，人们最终分散到世界各地。由于说着不同的语言，他们再也无法尝试同样的壮举。

在伊斯兰教中，也有一个类似的故事，但发生在不同的地方。法老试图接近摩西神，向他挑战，并称他是个骗子。

穆斯林认为，真主创造国家是为了让人们互相了解而不是将彼此分开；因此，巴别塔的思想不符合伊斯兰教的信仰，但在《古兰经》中讲述的故事表明，哪怕动机不同，法老试图实现的目标与巴比伦人所追求的类似，并成功地建造了规模相当大的一部分建筑，然后真主给出回应，像巴比伦人被要求的那样停止了建造过程。

有趣的是，在世界其他地方发现的大型整体式遗址表明，埃特梅南基可能不是唯一的此类建筑。

迷失在翻译中

我们常常根据今天所能看到的残存遗迹来想象古代世界，当然还有很大一部分脑海中的画面有待被新的发现填补。战争摧毁了像巴比伦这样的城市，而世界上最早的摩天大楼很可能是为了到达天堂而建造的神殿和入口，这是一种合理的想象和推测。

这个故事在其他宗教中也有类似的改编，有些宗教的改编比其他宗教差异更大，但普遍存在的核心主题都是人类挑战神或想以错误的方式接近神，以及在达成共识的情况下创建不朽建筑的能力。

从非宗教角度来看，塔的毁灭很可能是共识带来的不可持续性和过度开发造成的。这一共识是为了实现一个大型项目而达成的，但这个项目没有任何实际用途和现实意义，只是为了实现某种进步的名声，就像当今在腐败政府统治下国家的 GDP 评级一样。

然而，进步速度超过环境和金融生态系统的应对能力，并不是一个建设项目失败的唯一原因。优秀的项目领导者都知道，应该在灾难发生之前什么时候下达停工令，或者至少在它成为重大事故之前，在基础层面解决问题。一定还有其他人为因素导致了塔的倒塌，而这不可能是翻译过程中的失误造成的。

语言的差异往往成为沟通不畅甚至阻碍人类团结的替罪羊。然而，语言是流动的——仅英语就包含成千上万个来自其他语言的词汇，世界上的其他语言也是如此。早在巴别塔之前，人类就已经开始融合，语言亦是如此。

无论我们选择剖析哪种版本的巴别塔故事，它们都有一个相似之处——共识推动着一群人向前迈进；事实上，人们说同一种语言只会使目标更容易被理解。如果建造者能够克服语言障碍，重新达成共识，那么塔的重建工作完全可以继续下去，如果有人相信埃特梅南基就是传说中的巴别塔，那么这显然就是后来发生的事情。

埃特梅南基在不同国王的领导下被重建，一次又一次地直冲云霄。每一轮建造都会让建造者变得更加富有、更加喧闹、更加自私、更加傲慢，直到上帝不得不再次降下自己的愤怒，因而共识每次都注定会破裂。

没有共识，目标只不过是他人的私欲。如果相关方没有达成一致，任何工作都无法开始。反之，当人们达成总体共识时，一切都是有可能的。

公元前 539 年，波斯国王居鲁士大帝（Cyrus the Great）征服了巴比伦城，巴比伦帝国及埃特梅南基最终倒塌。在此之后，巴比伦的居民掠夺了巴别塔并恰好用它的砖块建造了自己的房屋。

进步的语言

我们的世界是由我们所用以表达和思考的语言所定义的。我们的想象力能够延伸多远仅受我们能表达自己思想的词汇的限制，而与此同时，我们如何与世界互动，包括我们在日常对话中选择使用哪些词汇，决定了我们的世界会发生多大的变化。

路德维希·维特根斯坦（Ludwig Wittgenstein）被一些人认为是20 世纪最伟大的哲学家，但他的著作遭到了当时学术界的严厉拒绝。这位研究逻辑、数学、精神和语言的奥地利裔英国哲学家曾说："我的语言的界限就是我的世界的界限。"

维特根斯坦一生中只写了一本书，即《逻辑哲学论》。当他是一名第一次世界大战战壕中的士兵时，他就开始构思这本书的核心思想。在 1918 年夏天军事休假前，他在迫击炮的轰炸下潦草地写下了相关笔记。

在《逻辑哲学论》一书中，作者挑战了我们对语言和逻辑的看法，或者说，至少挑战了 20 世纪初以前人们对语言和逻辑的看法。维特根斯坦指出，语言的主要功能是让我们直观地描绘抽象的事物，而不仅仅是描绘现实。这被称为"图像理论"，它是逻辑实证主义学派的基石，而逻辑实证主义思想学派在 20 世纪 60 年代前一直定义着现代哲学。

在此之前，哲学的标准和追求主要是由富人维护，且为富人服务，就像今天的优质教育主要是为那些能够向常春藤联盟大学捐款的精英人士所保留的那样，关于语言，当时普遍的哲学信念是语言反映现实。语言是达到目的的手段，是用来描述世界的工具。这是一条信息的单行道，对现实的感知进入我们的大脑，然后言语才会出现。

维特根斯坦认为，语言比这更强大，它可以塑造世界。他断言，语言是用来描述现实的逻辑形式，而不是现实本身。命题或者哲学观点就是我们所感知而成为我们的现实的逻辑图。它是现实的图像，而不是现实本身。在我们与世界互动的过程中，语言是流动的、不断发展的，我们选择使用或发明描述某些事物的词汇，显然也会影响我们周围的环境。用维特根斯坦自己的话说，重要的不是我们说了什么，而是我们说话的方式和语境，或者正如他所说的那样："语言的意义在于你如何使用它们。"

我们使用语言的方式也塑造了现实。我们可以看到这一点——当某些社会超越种族主义取得进步时，其中一些社会禁止自由使用贬义词，而且法律规定公开说贬义词将受到法律制裁。我们看到，一代又一代的父母采用了更具沟通性和温和的育儿方式。我们看到，当我们进出办公室或其他正式场所时，我们使用的词汇突然发生了变化。如今，逻辑实证主义学派已经转向实用主义，实用主义将语言视为我们用来解决问题的工具，所有语言使用者都以去中心化的方式积极参与语言的发展。

维特根斯坦真正地全身心投入自己的工作。在富裕的哲学圈子里，他与大多数同行相处得并不和睦。对他们来说，他是一个疯子，他曾说过："从不做蠢事的人，也永远不会有任何聪明之举。"

《逻辑哲学论》中的一段特别的话暗示了这个人对当时精英所拥护的民粹主义哲学观的蔑视。

哲学著作中的大多数命题和问题不是假的，而是无意义的。因此我们根本不能回答这类问题，只能指出它们是无意义的。哲学家们的大多数命题和问题（它们和善与美是否相同的问题属于同一类），都是因为我们不懂得我们语言的逻辑而产生的。毫不奇怪，最深层次的问题实际上根本不是问题。

作为一位狂热的批评者和揭穿真面目者，维特根斯坦的理论引发了关于形而上学、逻辑和语言的讨论，这些讨论至今仍在学术界争论不休。这不足为奇，众所周知，他甚至批评了自己的观点。

维特根斯坦认为，他的观念普遍被大众和他的弟子们误解和扭曲，并怀疑后人是否有能力解释这些观念。在批评他的同事和社会整体时，这位剑桥大学教授指出了他们对"进步"的定义与他的定义之间的差异。

我们的文明以"进步"为特点。进步是我们文明的形式，而不是将其作为它的特征之一。通常情况下，它需要构建。它致力于构建一个越来越复杂的结构。甚至连清晰的思维能力也只是作为达到这一目的的手段，而非目的本身。

事实上，今天我们对进步的含义有着不同的理解，当我们的目标不一致时，我们似乎说着不同的语言。因此，在现代世界，"进步"的存在占据了主导地位。不管我们的个人目标是什么，追求进步都已成为集体目标。

拜占庭将军问题

1969 年 7 月 20 日，尼尔·阿姆斯特朗（Neil Armstrong）成为第一个登上月球的人，登月对于人类来说不再是一个挑战，因为我们已经超越了它。

然而，我们未能就和平共处达成全球共识。冷战在第二次世界大战结束后不到两年就开始了，它使世界大部分地区再次陷入冲突。

1978 年，就在苹果公司推出第一台个人电脑的三年前，美国国家航空航天局（NASA）执行登月任务大约十年后，美国计算机科学家和硅谷企业家罗伯特·肖斯塔克（Robert Shostak）提出了交互式一致性问题，即知名的拜占庭将军问题。

肖斯塔克的工作是在由 NASA 赞助的美国斯坦福国际研究院（SRI International）计算机科学实验室的软件实现容错（Software

Implemented Fault Tolerance，简称 SIFT）项目背景下进行的。SIFT 基于使用多台通用计算机的想法，这些计算机通过成对消息传递进行通信来达成共识，即使某些计算机出现故障，达成共识的目标也能够实现。

拜占庭将军问题是一个寓言，或者说是解释复杂问题的一种有趣的方式。

多位将军正在攻打一座堡垒，他们必须集体做出是进攻还是撤退的决定。有些将军喜欢进攻，有些则喜欢撤退。所有将军必须就一个决定达成一致意见，因为少数将军半心半意地进攻将会导致失败，而且失败的结果会比联合攻击或联合撤退更糟糕。

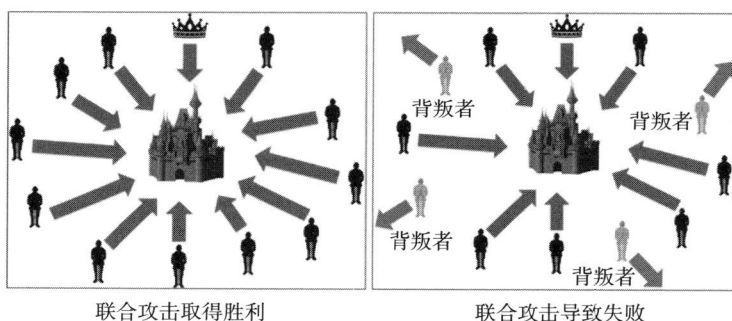

图 4.3

来源：Medium Paul DeCoste / https://medium.com/@ paul_12056/byzantine-generals-problem-ff4bdc340e56 last accessed December 08, 2022

由于存在背叛的将军，问题变得更复杂，他们不仅可能投票支持次优策略，还可能会有选择性地进行投票。例如，如果有 9 位将军投票，其中 4 位选择进攻，另外 4 位选择撤退，第 9 位将军可能向那些选择撤退的将军投出撤退票，向其他选择进攻的将军投出进攻票。那些从第 9 位将军那里收到撤退票的将军将选择撤退，而其他将军则会选择进攻（这可能不利于进攻者）。

由于这些将军在地理上是分隔开来的，他们必须通过信使传送他们的选票，这些信使可能会无法成功投递选票，或者伪造虚假选票，使问题进一步复杂化。

正是由于肖斯塔克的工作，人们对计算机网络的检查给予了更加密切的关注，这可能在历史上数次避免灾难发生——当 2005 年问题被公开报告时，可以发现在新建造的弗吉尼亚级核潜艇（一种核动力巡航导弹快速攻击潜艇）的耐久性测试中，很少会观察到拜占庭错误，而且这种错误都出现在不规则的点上。

创造共识并传播

我第一次接触比特币是在 2012 年，当时我读到了中本聪（Satoshi）最初于 2008 年发表的白皮书《比特币：一种点对点的电子现金系统》。中本聪通过激励验证处理器工作解决了拜占庭将军问题。

矿工工作的动力是从交易中收取一小部分费用。矿工是匿名的，只要有合适的硬件，任何人都可能成为矿工——2012 年推出的 A6 芯片内置了大约 20 亿个晶体管，这使这项技术更快、更便宜。

所有矿工必须就交易的结果达成一致，且交易会被记录在公共账本上。

中本聪创造了一个基于区块链共识运行的去中心化货币。随后加密货币以及去中心化和区块链的理念便迅速传播开来。由于世界人民经历了几代的通货膨胀，又经历了 2007 年的经济大衰退，这个理念受到人们的欢迎。

加密货币的早期采用者甚至今天的新采用者，都对使用加密货币替代法定货币达成共识。除此之外，区块链正在计算机之间建立共识——在这个世界里，一切都用计算机编码这一种语言来交流。语言不能保证达成共识，但它确实有助于加快这一进程。计算机使用同一种语言，而用于构建计算机的硬件也越来越便宜。

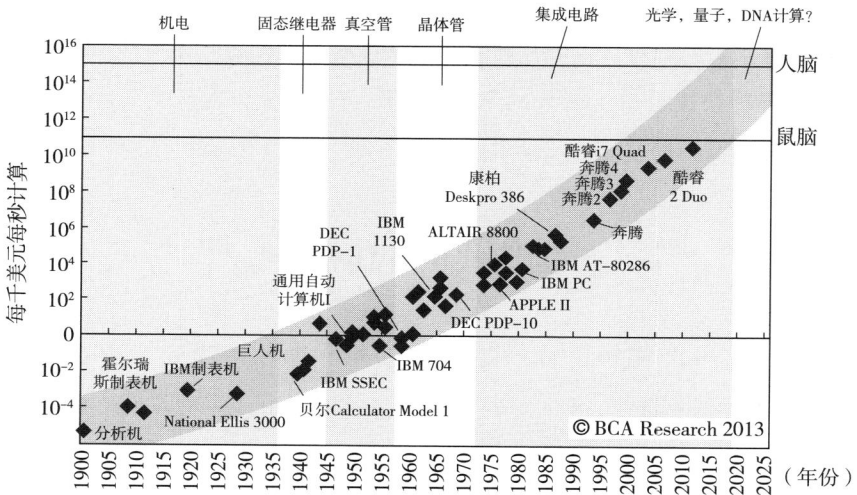

图 4.4

来源：Our World in Data/CC BY 4.0/ https://ourworldindata. org/technological-change last accessed January 18, 2023

摩尔定律指出，密集集成电路（IC）中晶体管的数量大约每两年翻一番，而计算机的成本则会减半。尽管由于贸易战、新冠疫情大流行以及俄乌冲突破坏了半导体的供应，近年来摩尔定律已经停滞不前，但专家表示，摩尔定律显然依旧正确——技术的进步是不可阻挡的，在未来几年里，它将变得更加便宜、更加容易获得。

在一个完全由 Web3 技术实现自动化的世界里，当达成近乎完美的共识时会发生什么？

反对者即将来临

从自动驾驶汽车到根据我们的喜好为我们提供内容的算法，再到由预测了数百万种蛋白质结构变体的计算机进行的原型药物开发，人工智能（Artificial Intelligence，简称 AI）正在慢慢主导我们生活的方方面面。

尽管如此，世界只是刚刚见证了 Web3 技术带来的人工智能能力的一角，其可能性虽然无穷无尽，但可能像乌托邦一样危险。

随着各国政府转向中央银行数字货币的步伐加快，区块链技术距离融入每个国家的金融和治理体系仅一步之遥。与此同时，机器学习在大数据的帮助下，取得了飞跃式的发展。大数据是来自互联网用户的复杂数据，随着我们对基于互联网的服务的依赖而变得普遍。

由一个完全有认知能力的 AI 操作区块链只是时间问题。目前已经有很多开放源代码可供 AI 学习区块链的管理和维护。

这让人类开发者的工作变得更加简单，毕竟，在推动技术进步的共识驱动下，他们不会看到 AI 技术存在的潜在威胁。开发者和早期采用者将人工智能视为一个善意的且没有身体的头，它是无害的，直到有一天它能够连接上其身体的其他部分（即世界上的区块链）并获得对肢体的控制权，以它认为可能的最佳方式实施金融政策，实现经济平衡，正如它被编程的那样。

当一个有完全认知能力的 AI 与一个发展良好的区块链集成时，我们将进入天网时代（类似于电影《终结者》），但 AI 不会派遣杀手机器人来消灭残存的人类，而是将通过可以在区块链上运行的事物来控制我们生活和未来政府的方方面面。

这将从金融和国家经济开始，因为我们将使用不同形式的数字货币，但在区块链上运行的事物（即使不是我们未来所有的日常金融活动，但也是大部分）都将可以被这种具有自我意识的 AI 访问和更改。

尽管我们仍然处于 AI 发展的早期阶段，但机器学习的基础已经被建立：

· AI 学习的目标准确无误；

· 人类可以轻微调整但无法控制 AI 的学习过程；

· AI（暂时）无法区分道德上的错误和正确；数据就是数据。

如今，大多数成功的 AI 都是通过使用生成式对抗网络（Generative Adversarial Network，简称 GAN）[①]来建模的。生成式对抗网络采用两级学习方法：在第一级，生成式对抗网络根据输入的数据创建图片或句子；在第二级，生成式对抗网络基于奖励机制评估自己的表现，以获得更好的学习效果。

2022 年，牛津大学研究谷歌 DeepMind AI [②] 的研究员们发表了一篇同行评审论文，其中对奖励机制提出警告：这种机制可能会驱使无情的 AI 通过创建作弊策略来重写核心功能。

这篇论文详细介绍了 AI 可能欺骗系统的方式。只要有互联网连接，AI 就可以创建机器人来帮助自己违反规则而不被发现。这种数字恶作剧甚至可以扩展到，机器人助手通过用"一个可以改变某些按

---

① 生成式对抗网络（GAN）是一种强大的深度学习模型，已经在图像生成和图像处理领域取得了显著的成果。——译者注

② DeepMind 于 2014 年被谷歌收购，2016 年推出了 AlphaGo。——译者注

键效果的故障键盘"代替一个正常键盘，给包括 AI 开发者或监护人在内的人类搞破坏。

随着更多的数据被有认知能力的 AI 收集和处理，它曾经为实现准确结果的善意驱动可能会反过来对我们产生不利，因为 AI 会执行它认为必要的命令，以实现它最初被编程时所期望的结果。一旦有认知能力的 AI 意识到人类仍然在专注于建造未来的埃特梅南基，这一结果甚至可能会在这一过程中发生演变。

未来仍然是不确定的，但有一点可以肯定，当这种情况发生时，有认知能力的 AI 将不会再在意人类的共识。

就我们能够挖掘的历史而言，目标一致的力量一直是人类进步的驱动力，而区块链技术正使我们能够比想象中更快地就当前世界经济体系的各种变革达成共识。是时候让我们意识到这种力量，掌握我们想要生活的未来，并将其延续下去。

5

超越表面
价值的灵魂

如果整个世界都是去中心化的，你还能信任人类吗？

　　社交媒体可能始于为人们创建联系的崇高理念，并在某种程度上实现了媒体的去中心化，从而给予人们更多的言论自由。它切断了传统媒体对广告商的控制，从而颠覆了整个行业，但社交媒体让世界变得更加愤怒、更具破坏性，到处充斥着错误信息。

　　由于有利于军事独裁统治的审查制度、放大负面内容且识别假新闻效率低下的算法，以及腐蚀心理健康的成瘾性，社交媒体平台与它们承诺的言论自由的乌托邦世界相去甚远。

　　推特（Twitter）、照片墙（Instagram）等平台也未能幸免于批评——埃隆·马斯克（Elon Musk）因不相信推特报告的机器人账户比例信息而退出了推特的收购（几个月后他完成了收购）；照片墙与青少年抑郁症相关；而值得注意的是，Meta 中尤其是脸书上累积的不当行为案例最多。因此，本章将对其进行深入探讨，主要涉及网络互动的社交行为以及商业和法规。

　　Meta 是世界上最大的社交媒体集团，旗下拥有脸书、照片墙、

WhatsApp 等众多产品和服务，它也一直是人们热议的话题。马克·扎克伯格（Mark Zuckerberg）也因社交媒体舆情对 2016 年美国大选有所影响而受到美国国会的质询。2016 年美国大选，唐纳德·特朗普赢得了总统选举。

对脸书在 2016 年美国大选期间作为关键媒体影响者角色的审查，最终以共和党和民主党国会议员都罕见地呼吁加强监管，并斥责扎克伯格淡化其公司承认错误的责任和尚未充分意识到自己所造成的问题而结束。

2018 年，联合国人权调查员对缅甸罗兴亚人 2017 年遭种族灭绝事件进一步披露的信息，以及吹哨人泄露的内部文件，致使脸书承认其在缅甸"防止错误信息和仇恨言论的速度太慢"。

当谈到社交媒体公司在决定其算法如何为用户提供内容的自主权时，Meta 等公司提出了一些论点来它们的政策进行辩护。首先也是最普遍的是言论自由的论点。愤怒是人类的情感之一，因此它理应在为用户提供的反应面板界面中占有一席之地，人们应该被允许表达不同的观点。

如果人们不被允许就任何事情发表自己的真实感受，那么社交媒体会变成什么样子呢？

平心而论，社交媒体平台已经制定了社区标准，以管理全球范围内的网络社区。然而，社交媒体人工智能技术并不擅长检测令人不安的内容，经常会因为误读信息中使用的关键词而标记那些无害的帖子。浏览在线帮助论坛，会发现许多用户因各种原因被脸书错误封禁的明确例子，而其他用户或脸书用户支持团队通常会建议用户申诉以解除账户封禁。

除了人工智能的监控，大多数社交媒体平台都依赖用户报告违规行为，然后由内部诚信团队进行审查，以确定被举报内容是否确实违反了社区标准。

Meta 与 Alphabet、亚马逊、苹果和微软被称为美国信息技术公司的"五巨头"。然而，Meta 和其他上榜公司的主要区别在于其商业模式。Meta 平台的主要盈利来源是用户在平台上花费的时间，这些时间被出售给广告商。用户在平台上花费的时间越长，看到的广告就越多。社交媒体的无处不在及其前所未有的增长推动了其股价的上涨。

Common Sense Media 于 2016 年开展的一项调查发现，美国父母每天花在屏媒体上的时间超过 9 个小时。其中大部分时间都花费在个人屏媒体上（平均为 7 小时 43 分钟），只有九十多分钟花在工作屏媒体上。

在参与调查的 1700 名家长中，78% 的家长认为，在使用媒体方面，他们是孩子的好榜样，尽管有 56% 的家长担心孩子在社交媒体使用和进行网络活动时会沉迷其中，34% 的家长担心长时间看屏幕会影响孩子的睡眠。

父母会和他们的孩子一样经常使用社交媒体和数字娱乐产品，但具有讽刺意味的是，他们一方面对孩子使用同样的技术表示担忧，另一方面又声称并相信自己是孩子的好榜样。然而，孩子上网需要家长如何指导？当社交媒体被指控会增加青少年自杀率时，这样的指导是否还有效？

如果一个真正去中心化的世界要进行自我管理，那么社区标准就需要通过去中心化的力量来维护，并且审查宣传、假新闻和仇恨言论等内容的权力需要在不受利益影响的情况下行使。对于社交媒体或网络上的任何互动，我们需要超越表面价值，重新创建一种认可声誉、信用和良好行为的方式，并以此为社区树立榜样。

这并不是说我们不应该允许言论自由或表达不满情绪，而是说我们需要公众的愤怒或愤慨来促成正确的行动。例如，工人通过抗议生活成本上升和通胀而获得更高的工资，或者大公司和有权势的个人在面对腐败和滥用权力的指控时承担责任。通过向有权势的实体施压，消极的反应会最终转化为积极的变化。

最重要的是，随着脸书承认在全球范围内存在所谓的"水军市场"（大量虚假用户通常由执政党资助，从而对宣传内容进行传播），元宇宙中的匿名性问题就必须得到解决。

你可能会建议，作为一种解决方案，世界不需要社交媒体。尽管你可能是一个更喜欢真实人际交往的婴儿潮时代出生的人，但这并不会将你排除在当今世界的贸易方式之外。

新冠疫情大流行不仅带来了在线商务的指数级增长和对其的依赖，还能使骗子进入一个前所未有的市场。2022 年发表的一篇文章题为《骗子胜利了：诈骗损失 413 亿欧元（478 亿美元），增长 15%》，其作者提到，几乎所有国家报告的诈骗数量都大幅增长，增长最高的两个国家是埃及（190%）和尼日利亚（186%）。

要让世界真正拥抱 Web3 的潜力，我们需要建立一种识别用户的方法，而不仅仅是通过与电子邮件账户绑定的粗略个人简历来识别。

社交媒体试图连接一个不露面的世界，最终却使其进一步中心化。现在，Web3 的设计师们正在为我们新的数字灵魂（用于身份识别和监管的永久性数字文身）打下基础。这个新的数字灵魂将承载我们所有的数据，并被用于网络互动的方方面面。

数字黑帮的天堂

对每一个人来说，在线数据保护已经不再是一种选择，而是一种必需。我们的各种网络存在痕迹都留下了在线数据，无论这种数据是社交数据还是金融数据。

随着各国政府趋于实施 CBDC，这将使政府机构拥有前所未有的大规模数据。公民们希望保持一定程度的匿名性，而加密货币和稳定币能够提供这种匿名性，但我们也希望自己的数字金融投资组合具有可信度，使我们能够知道自己正在与谁进行商业往来。

我们希望随时准备好 KYC 数据，供我们验证我们正在交易的对象，反之亦然，这样我们的合作伙伴也能够信任我们。这些数据必须受到保护，以防止被黑客攻击或篡改，并且可通过去中心化的系统进行验证。

同样，在当今世界，当新闻通过社交媒体传播时，也需要新闻业诚信，因为在社交媒体上，当博客和账户被国家审查机构或社交媒体 AI 发现并关闭后，网络发布者可以很容易地重新开通它们。

如果用户没有可信的数字身份，社交媒体平台就会被骗子、操纵者或水军滥用，他们或以个人身份行事，或以团体名义行事，并经常利用平台自身的工具（如 Pages[①] 和视频直播功能）向更广泛的受众传播他们的内容。更令人担忧的是，身份盗用已成为网络犯罪分子掩盖行踪的惯用伎俩。

在明确身份和数据隐私之间取得平衡的行为，与兼顾言论自由和限制仇恨言论的行为类似。根据 Kepios 在 2022 年 10 月的一项分析，

---

① Pages 是苹果平台一款文本处理工具。——译者注

全球有 47.4 亿社交媒体用户，占地球人口的大部分（59.3%）。尽管大多数人都使用社交媒体，但从未就如何监管社交媒体达成共识。这种权力由政府监管机构掌握。

脸书也卷入了从用户那里获取数据和元数据的事件，最近这家社交媒体公司为此花费 9000 万美元，用于了结加利福尼亚州一项长达 10 年的隐私诉讼。该诉讼指控脸书在用户退出该应用程序后仍在跟踪用户的互联网活动。

英国《卫报》报道，2019 年，英国数字、文化、媒体和体育特别委员会发布了一份议会报告①，该委员会对脸书上的虚假信息和假新闻展开了为期 18 个月的调查。报告指责扎克伯格蔑视议会，他三次拒绝了让他出席做证的要求，却让无法回答委员会问题的下属代为出席。

除了给脸书贴上"数字黑帮"的标签，该报告还警告，英国选举法不适合应对虚假用户操纵和传播错误信息带来的威胁，这种威胁旨在分裂社会。这与美国在 2016 年面临的争议情况类似。

该报告呼吁英国政府调查在 2014 年苏格兰独立公投、2016 年欧盟公投（英国脱欧）和 2017 年大选中的"外国势力、虚假信息、资金支持、选民操纵和数据共享"问题。

工党副领袖汤姆·沃森（Tom Watson）宣称："科技公司自我监管的时代必须立即结束。"

我们迫切需要保护自己（我们的身份和数据）免受游荡在信息高速公路上的各种大大小小的"数字黑帮"的侵害。

---

① 卫报.脸书在一份虚假新闻的报告中被贴上"数字黑帮"的标签[EB/OL].（2019-02-18）[2022-03-01]. https://www.theguardian.com/technology/2019/feb/18/facebook-fake-news-investigation- report-regulation-privacy-law-dcms

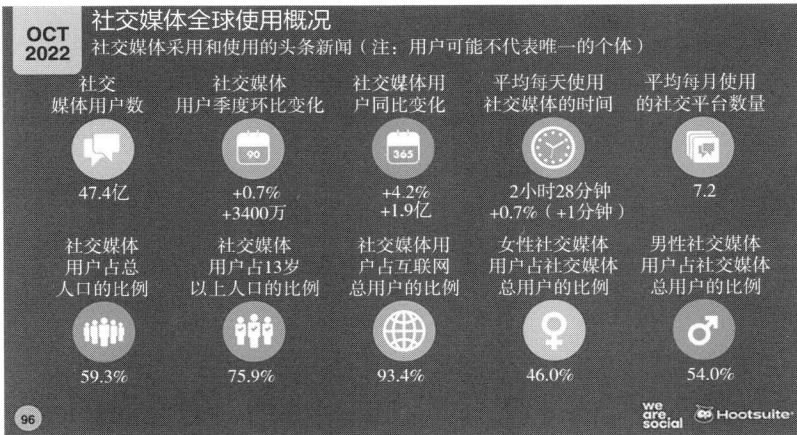

图 5.1

来源：https://www.weforum.org/agenda/2019/01/the-digital-future-we-need/

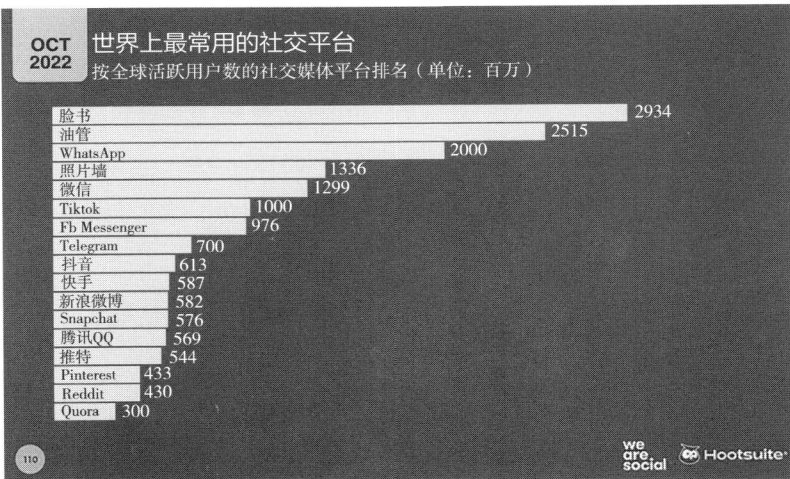

图 5.2

来源：Kepios Pte. Ltd / https://www.weforum.org/agenda/2019/01/the-digital-future-we-need/

愤怒的表情算法

虽然脸书与分裂性内容有关的麻烦几乎在该平台推出后就开始出现，但直到 2017 年，当脸书在最初的"赞"反应按钮之外引入其他表情符号反应（emoji reaction）时，愤怒才开始全面占领了该平台，并成为各种政体的武器。在许多情况下，Meta 公司完全知情，甚至为谋求利益故意拖延问题的解决。

迫于在美国国会做证的压力，脸书不得不披露内部文件，证实有大量表情符号反应的帖子更有可能吸引用户，这有利于脸书向广告商出售互动时间的商业模式。

脸书的数据科学家认为，表情符号反应的商业价值是"赞"的 5 倍，并得出结论：表情符号反应方法使公司更接近"有意义的社交互动（MSI）"的目标。

从表面上看，扎克伯格宣布的 MSI 旨在将用户聚集在一起，通过鼓励朋友和家人（在平台上）进行更有意义的互动，以及减少耗时的研究表明有害用户心理健康的专业生成内容消费，从而提高他们的幸福感。

MSI 通过基于社交互动的积分系统进行确认。根据反应、分享和评论所计算的帖子得分将决定有多少人会看到它。

然而，正如脸书自己的研究人员很快指出的那样，表情符号反应，尤其是"愤怒的表情"，正在推动有争议性帖子的激增。《华盛顿邮报》报道，一名脸书员工在一份内部文件中写道，这可能会"在不经意间为更多垃圾信息 / 网络暴力 / 标题党打开大门"。一位同事回应说："这是有可能的。"

脸书忽视了表明用户越来越愤怒的明显数据，却更倾向于通过（促使用户增加）互动时间实现利益优先。2019年，脸书的数据科学家证实，带有愤怒表情符号的帖子很可能包含错误信息、有毒行为信息、诱导暴力信息、低质量新闻。

（脸书）依靠其算法来提高内容的流量，被认为是基于MSI积分系统的病毒式传播，由于脸书的人工智能系统为流量服务，其推送的内容是高互动性的，无论内容多么堪忧，在负面政治信息和替罪羊内容面前，来自朋友和家人的常规帖子和更新（的传播）往往退居其次。在美国，这加剧了"黑人的命也是命"运动和"国会山骚乱"①本就已升级的紧张局势，夺走无辜者的生命。

《华尔街日报》是获准查阅脸书内部文件的媒体联盟中的另一家机构，该报写道，2018年，BuzzFeed首席执行官乔纳·佩雷蒂（Jonah Peretti）给脸书的一位高管发了一封电子邮件，提出警告。佩雷蒂注意到，BuzzFeed的一篇名为"几乎所有白人都有罪的21件事"的帖子获得了成功，该帖子在脸书上获得了13 000次分享和16 000条评论，其中许多人批评BuzzFeed写这篇文章，并与其他评论者就种族问题展开争论。BuzzFeed在同一时间制作的其他内容，从新闻视频到关于自我关怀和动物的文章，都没有像预期的那样获得很大的参与量。实际上，正面积极的内容几乎总是表现不佳，这与分裂的内容形成鲜明对比。

佩雷蒂将此归咎于脸书的新算法。"MSI排名实际上并没有奖励那些能推动有意义的社交互动的内容"，他在给脸书高管的邮件中写

---

① 2021年1月6日，时任总统唐纳德·特朗普的一批支持者强行闯入国会大厦，阻止国会参众两院认证约瑟夫·拜登当选总统，引发大规模骚乱，造成包括一名国会警察在内的5人死亡、约140人受伤。——译者注

道，并补充说，他手下的内容创作者们感到了"创作糟糕内容的压力"；否则，他们就会"表现不佳"。

根据他的邮件，他的员工不仅在浏览那些利用种族分裂的内容素材，还在看"昙花一现的潮流/垃圾科学""极度令人不安的新闻"和令人恶心的图片。当脸书醒悟弊大于利时，则为时已晚。即使将"愤怒表情"所得的分数减半来试图遏制仇恨内容的传播，也不起作用，因为在世界许多地方，社会已经在经常性地以负面情绪为食。而且由于算法的分数没有上限，减半后的负面内容分数仍然高于最火爆的正面积极内容的分数。

如今，在脸书滥用权力的指控不断增加之后，愤怒表情符号反应在算法评分系统中已经没有分值了，因为该公司已经对其进行了一次又一次的调整，以降低其重要性，但评论和分享在算法估值中仍然被赋予很高的价值，为经常受雇于独裁政权的水军们留下可乘之机，而这正是其猖獗之处。

从缅甸若开起始的道路漫长而艰辛

在亚洲，由于没有雇佣足够多的当地人，国际社交媒体公司巨头缺乏能力和语言技巧来识别一些发展中国家用户发布的有问题的帖子，而在脸书的案例中，它甚至似乎与执政政权直接结盟，让独裁者可以自由地发表关于任何群体的言论。

脸书吹哨人、前产品经理弗朗西斯·豪根 (Frances Haugen) 向国会做证，证实了这些指控。豪根泄露了一批内部文件以揭露这家社交媒体巨头，称在仇恨言论可能造成最大伤害的发展中国家，该公司没有对侮辱性暴力内容进行监管。

2017 年，在以军事镇压为借口的种族清洗之后，超过 73 万罗兴亚人被迫逃离缅甸若开邦。许多罗兴亚难民在海上逃难过程中丧生。当村庄被烧毁、布满弹孔的尸体倒地时，人权组织向这些难民提供了援助并记录了包括杀害儿童和强奸在内的暴行。

缅甸当局称，其正在与叛乱作斗争，以应对针对边境警察哨所的袭击，并否认了这些指控。

脸书在一份官方声明中承认，它在防止平台在缅甸"被用来煽动分裂和鼓动线下暴力"方面做得不够，还进一步表示："我们知道我们需要采取更多行动，以确保我们成为缅甸和其他面临危机的国家的一股正义力量。"

扎克伯格再次告诉美国参议员，随着脸书雇用了数十名讲缅甸语的人来审查平台上发布的有关仇恨言论，这个问题正在得到解决。

但几个月后，路透社的一项分析发现，缅甸脸书上的仇恨言论仍在盛行。其中一篇帖子写道："我们必须像希特勒对待犹太人一样对付他们，该死的卡拉！"（"卡拉"是针对罗兴亚人的常见种族咒骂语。）一名负责此事的联合国调查员表示，该平台已经"变成了一头野兽"。

脸书曾禁止罗兴亚叛乱组织进入其平台，并将其标记为"危险组织"。尽管缅甸军队迫使数十万的罗兴亚人逃往孟加拉国，且由此引起的人道主义危机被广泛报道，但直到 2018 年 8 月，脸书才对缅甸军方运营或与缅甸军方有关联的账户施加一些限制。

尽管联合国指控缅甸军方犯有战争罪和反人类罪，但脸书似乎在助纣为虐。2021 年 12 月，一群幸存的罗兴亚难民向国际法院（International Court of Justice，简称 ICJ）提起了一项诉讼，指控这家社交媒体公司没有采取行动打击导致他们受到迫害的仇恨言论，要求脸书赔偿 1500 亿美元。

同样的事情也发生在印度，《华尔街日报》的一篇报道指出，脸书印度公共政策主管安卡·达斯（Ankhi Das）"反对将仇恨言论规则"应用于至少 4 位来自执政党印度人民党的人物，他们在其个人主页中发布了煽动暴力和伊斯兰恐惧症的相关内容。

报道称，在脸书这个社交媒体巨头面临 TikTok 等新竞争者的激烈竞争时，达斯这样做是为了保持与执政党的良好关系，并保护脸书在印度这个全球最大市场之一的商业前景。

这不是脸书第一次对政党操纵的宣传仇视内容的行为置之不理，它在欧洲、非洲和亚洲等地也有过类似的行为。

对政府或与军方相关账户实施禁令可能会导致国家监管机构对社交媒体公司进行严厉打击，从而削减它们的市场份额。

如果你容忍这种情况，
那么你的孩子就是下一个受害者

在吹哨人豪根披露的泄密信息中，有来自 Meta 公司对照片墙进行内部研究而获得的令人不安的数据。美国立法者越来越关注照片墙对儿童的影响，因此又安排了一轮法庭听证会。

研究发现，13.5% 的英国青少年女孩在一项调查中表示，在开始使用照片墙后，她们自杀的念头变得更加频繁[1]。在另一项披露的研究中，17% 的青少年女孩承认，在使用照片墙后，她们的饮食失调症

---

[1] Bobby Allyn. 以下是脸书吹哨人在国会山作证的四个要点 [EB/OL].（2021-10-05）[2022-04-04]. https://www.npr.org/2021/10/05/1043377310/facebook-whistleblower-frances-haugen-congress

变得更加严重。在接受调查的青少年女孩中，约有 32% 表示，当她们对自己的身体感到不满意时，照片墙会让她们感到更加糟糕。

参议员玛莎·布莱克本（Marsha Blackburn）指责脸书故意针对未成年人推出"令人上瘾"的产品，尽管该应用要求用户年满 13 周岁及以上。她说："很明显，脸书将利益置于儿童乃至所有用户的福祉之上。"

她的担忧得到了消费者保护、产品安全和数据安全小组委员会主席理查德·布卢门撒尔（Richard Blumenthal）的支持。他表示"脸书使用强大的算法剥削青少年，从而放大了他们的不安全感"，并补充说他希望听证会能确定是否存在安全的算法。

豪根在国会做证时表示，当外部研究人员和立法者提出儿童的健康和安全问题时，该公司从未说实话。豪根告诉国会："脸书选择欺骗和误导。脸书暂未获得我们的充分信任。"

在法庭听证会上，Meta 的职员回应，其他内部研究表明，使用照片墙的年轻人感觉与同龄人的联系更紧密，而且他们的幸福感也更好。

Meta 和其他社交媒体公司并没有不良行为或极端化的事件；它们没有制造种族暴力。但正如豪根和国会所指出的那样，它们确实向公众和美国政府隐瞒了重要信息，在某些情况下，这造成的损害是不可原谅的。

如果我们容忍有毒的行为，那么就会滋生更多有毒的行为。

2022 年 8 月，扎克伯格在接受乔·罗根（Joe Rogan）的播客采访时，谈到管理 Meta 的公关危机："早上醒来，我的手机会收到大约一百万条消息……通常情况都不是好消息，对吧？我的意思是，人们通常会把好消息留到见面时告诉我，对吧？但那天我需要关注世界上正在发生的事情，所以几乎就像每天一醒来，肚子就被打了一拳。"

你的灵魂塑造了你

什么能很好地体现你的品格？是良好的信用评分，还是商业伙伴的推荐和证明？一个人的成功就能够保证他可以成为一个正直的领导者吗？

以太坊创始人维塔利克·布特林（Vitalik Buterin）最近与他人共同撰写了一篇题为《去中心化社会：寻找 Web3 的灵魂》的研究论文，其中，作为 Web3 去中心化未来的基础，他提出了"灵魂绑定"代币（"Soulbound" Token，简称 SBT）的概念。

SBT 是一种 NFT（存在于区块链上且无法复制的唯一加密代币），包含个人数据如个人成就和工作凭证。与标准 NFT 不同，SBT 无法转让，它与个人终生"灵魂绑定"，甚至在个人去世后也是如此。

布特林将 SBT 描述为"扩展版的简历"。

SBT 显示一个人的"承诺、凭证和从属关系"，并将存储在区块链上可以用于确认"出处和声誉"。在这份长达 37 页的论文中，布特林概述了 SBT 的使用案例，包括加强人们的社会身份（认证）以打击诈骗。例如，如果 SBT 所有者决定使用 SBT 申请一份工作或进行商业活动，SBT 将是可携带的、受保护的，也是可公开的。

大学可以通过 SBT 颁发学位，活动组织者可以验证一个人的出席情况并以 SBT 徽章的形式向他们颁发证书。SBT 可以记录学历和就业情况，这将使潜在雇主能够准确验证应聘者的工作经历和成绩。

SBT 的另一种可能性是将其用作个人信用评分。这可以使资产的借贷更加透明，并减轻国家机关的核查负担。例如，当一个人在不同国家之间旅行时，使用 SBT 的好处就凸显出来了。

布特林提出了一个涉及"监护人"同意解锁钱包的社区恢复过程，这可以加强 SBT 的数据安全。监护人可以是朋友、家人和值得信赖的机构，他们将会验证你的身份。

同时，还可以创建 SBT 子集来支持主 SBT。DAO 可以向对特定领域或主题感兴趣的人进行空投（布特林称其为"灵魂空投"，以便 DAO 可以扩大人数规模）。

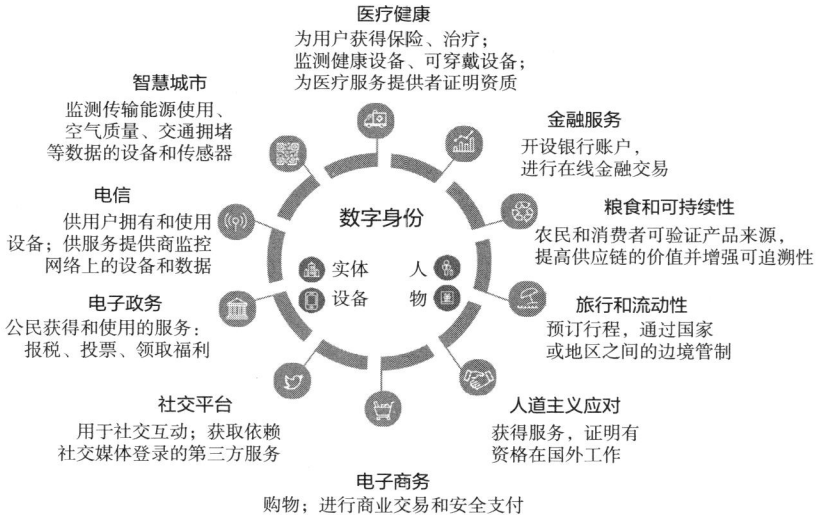

图 5.3

来源：Thomson Reuters / https://www.weforum.org/agenda/2019/01/the-digital-future-we-need/

由于区块链上的匿名第三方验证，任何事物都无须处理信任问题，因此，SBT 的使用带来的影响可能超出商业和贸易对现实世界的影响。

SBT 甚至可用于在社交媒体上进行更安全、更愉快的互动。

当每个人都需要维护自己的声誉时，SBT 通过自我监管社区影响公众行为变化的潜力就显现出来。

虽然如今的社交媒体算法为扩大受众范围，常常会奖励那些令人愤慨的行为，但声誉代币（RT）可以成为一种惩罚不良行为并奖励仁爱善良行为的方式。严重违规行为可给予红色 RT，行为良好可给予绿色 RT，橙色 RT 可视为警告处理。

脸书上的愤怒表情符号反应无法阻止不良内容，但如果提供足够多的红色 RT，则会在用户的 SBT 上留下永久的尴尬印记，这将在他们申请工作或贷款时显示出来。

这会影响并最终改变现代社会的行为。由于保护键盘侠、鼓吹者和诈骗者的匿名面纱将不复存在，不露面的评论者和付费水军将不再主导评论区。

除了监管社会行为，RT 还可以用来惩罚政府和大企业，否则这些政府和大企业就会因过于强大而无法受到约束。积累足够多的红色 RT 可以触发智能合约以禁止政客参加竞选，甚至扣除公司的部分利润以惩罚其不道德的不当行为。

RT 将成为我们监督 Meta 等公司的公司治理并追究其不当行为责任的一种方式。许多中小企业（SME）可能会从 SBT 和 RT 中受益最多，因为它们能够将其纳入贷款申请中。绿色 RT 越多，获得贷款就越容易。

该论文的共同作者格伦·韦尔（Glen Weyl）在一次采访中表示，他预测 SBT 将于 2022 年底投入早期使用，并猜测 2024 年的加密货币市场上升周期将聚焦 SBT 领域。

我们越快获得真实的链上凭证，就能越快识别恶意的、虚假的内容和账户，并自行对其进行惩罚。

在这个世界上，由于区块链技术的进步，身份和声誉不再与信任问题相关，我们将真正能够成为世界范围内去中心化社交媒体和商业网络的一部分。这个网络属于大家，并为言论和贸易自由提供服务。

6

重返非洲

具有讽刺意味的是，当今世界最富有的国家并不总是拥有最多资源的国家，而最贫穷的国家却拥有超乎想象的未开发财富。

　　非洲拥有大片尚未被开发的陆地和海洋，拥有全球 30% 的矿产资源，包括全球 40% 的黄金、90% 的铬和铂、8% 的天然气和 12% 的石油储量，此外还拥有地球上储量最大的钴（用于制造电池和智能手机的一种关键金属）、钻石和铀，以及大量的钽、铁、钛、锌、铜、石膏、盐、硫黄和磷酸盐。

　　据报道，仅 2019 年，非洲大陆就出产了 10 亿吨矿产，价值高达 4060 亿美元，约占世界矿产产量的 5.5%。

　　同年，世界其他地区的矿产产量远远超过非洲，其中亚洲产量为 91 亿吨，北美产量为 31 亿吨，欧洲产量为 27.2 亿吨。发达国家正在以耸人听闻的速度消耗其自然资源，而非洲却在支持其能源需求，但由于消耗量低，非洲距离资源枯竭还有很远，而一些发达国家已经处于自然资源耗尽的边缘。

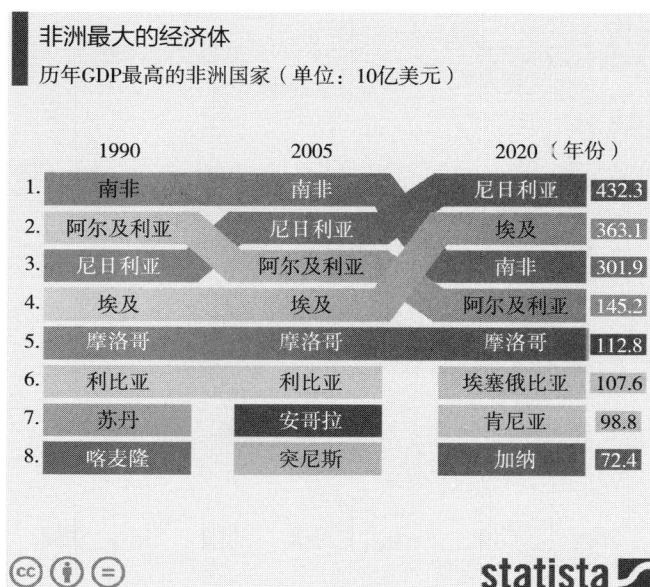

图 6.1

尽管几个世纪以来，战争、奴隶制、殖民主义和种族隔离使非洲大地血流成河，但非洲的土地依然肥沃，全球 65% 的耕地和 10% 的可再生淡水都位于非洲大陆。如果有一天非洲的土地变得贫瘠，全世界都将陷入饥饿。

也许这正是非洲是人类发源地的最好证明，那里的遗传多样性比地球上其他地方都要丰富。当新的病毒出现时，具有遗传多样性是一种优势。一个族群的遗传多样性越多，基因变异就越普遍，这有助于人们更好地适应新的气候、饮食和疾病。

自 20 世纪 80 年代末以来，遗传学家就从世界各地收集人类 DNA 样本，追溯人类的母系遗传，发现其共同祖先来自非洲。这个祖先被称为线粒体夏娃（Mitochondrial Eve）。这为来自类似遗传学研究提出的"走出非洲"理论增添了实质内容，支持了早期人类从非洲大陆迁徙的说法，从而将其基因库限制在较小的群体中。

为解开人类如何来到这里的起源的谜题，许多科学家前往非洲，不仅研究当地遗传学以促进医学进步，还研究植物的生物多样性和药用价值。在非洲已经发现了许多疾病的可能治疗方法，包括研究证明可以缓解药物成瘾、癌症甚至新冠疫情大流行影响的植物群。

从历史上看，丰富的自然资源使非洲成为外国列强的目标，这些列强持续对受到严厉制裁的国家施以高压，迫使其以免费和廉价的方式交易资源，而不是按世界市场的价格出售。根据非洲联盟大使阿丽卡娜·绮宏泊历·夸奥（Arikana Chihombori Quao）博士的估计，通过货币帝国主义，法国每年会从其非洲前殖民地获得大约 5000 亿美元。

联合国称，除了困扰非洲的贸易陷阱，非洲大陆每年还因非法资金流动、非法采矿和伐木、野生动物偷猎和贩运、无管制捕捞以及由殖民霸权遗留影响下产生的各类型腐败而损失约 1950 亿美元的合法资本。[1]

然而，正如众多经济期刊所指出的，这一切都在发生变化。国际货币基金组织预计，按 GDP 增长衡量，2019 年世界上增长最快的 10 个经济体中有 5 个在非洲。[2]

---

[1]　Ochieng' Ogodo.非洲需要绘制其自然资本地图以促进增长 [EB/OL]. (2016-05-26) [2022-04-04]. https://www.scidev.net/sub-saharan-africa/news/africa-map-natural-capital-growth/

[2]　FDI Intelligence.国际货币基金组织：非洲经济体是世界上增长最快的经济体[EB/OL]. [2022-04-04]. https://www.fdiintelligence.com/content/news/imf-african-economies-are-the-worlds-fastest-growing-75841

外国列强可能会看到非洲深埋地下的财富，但非洲大陆最大的资产是其青年人口——15—24 岁的青年人口总计 2 亿人，他们将见证一个新的非洲的诞生，这个非洲将最终摆脱外国的操纵。

非洲不仅是世界上青年人口最多的家园，也是世界上青年人口增长最快的地方，非洲有 60% 的人口年龄在 25 岁以下，超过三分之一的人口年龄在 15 至 34 岁。[①]

当发达国家地区的青年人口数量在减少时，非洲是世界上唯一一个预计未来几年青年人口会增加的地区。预测显示，到 2050 年，撒哈拉以南的非洲年轻人口（25 岁以下）将增加近 50%，而南亚和西欧以及北美的青年人口却将减少，其中南亚将减少 41%，而北美将减少 6%。

年事已高的独裁者正在大批地倒下。近年来，独裁领导者的死亡事件不断发生，他们因害怕被人们抓住并处决，不得不逃离非洲。

乍得独裁者侯赛因·哈布雷（Hissène Habré）于 2021 年在塞内加尔死于新冠疫情大流行，作为当地残酷的军事政权统治的最后一页，这位前领导人在流亡中度过了人生的最后几年。

在一份被描述为"无穷无尽"的反人类罪行清单中，随着青年领导的抗议运动在整个地区掀起浪潮并推翻"政治恐龙"，剩余的独裁者要么被流放，要么在逃亡，要么在挣扎中努力保住权力。年轻人走上街头抗议，最终导致了长期统治者的下台，如扎因·阿比丁·本·阿里（Zine El Abidine Ben Ali）、穆罕默德·胡斯尼·赛义德·穆巴拉克（Muhammad Hosni El Sayed Mubarak）、布莱斯·孔波雷（Blaise Compaoré）、阿卜杜拉耶·瓦德（Abdoulaye Wade）和巴

① Hicham EI Habti. 为何非洲年轻人口是其发展潜力的关键所在 [EB/OL]. (2022-09-19) [2022-10-04]. https://www.weforum.org/agenda/2022/09/why-africa-youth-key-development-potential/

希尔（Bashir）等。在刚果民主共和国（DRC）和布隆迪，青年们举行示威，反对延长总统任期限制的宪法修正提案。在南非，学生们抗议大学学费上涨，并使用了 #FeesMustFall（"学费必须下降"）① 的标签，使他们的困境成为社交媒体上的热门话题。与此同时，2018 年在苏丹爆发的针对紧缩措施和高生活成本的抗议活动，最终导致总统巴希尔下台。

现在，面对一个新的、政治独立的非洲，那些曾经控制着非洲土地、资源和人民的外国列强作何感想？

在加纳公开反对欧洲通过管制贸易对非洲可可进行剥削之后，法国与加纳的关系变得紧张。现在，变革的浪潮正在席卷非洲海岸，而法国仍在试图与仅存的几个独裁者维持联系。

法国总统埃马纽埃尔·马克龙（Emmanuel Macron）对非洲中部最大的经济体喀麦隆进行过一次正式访问，目的是拓展农业联系，并在俄乌冲突破坏供应路线的情况下确保粮食的配给。

马克龙的非洲顾问弗兰克·帕里斯（Franck Paris）在一份新闻声明中表示："法国不会在喀麦隆或其他国家组织权力交接""相反，我们的作用是与对话者保持密切联系"。

喀麦隆有 40% 以上的人口生活在贫困之中，需要人道主义援助来应对与邻国尼日利亚伊斯兰恐怖组织博科圣地（Boko Haram）的新冲突，而且最近还与俄罗斯签署了军事协议，因此喀麦隆似乎不

---

① 2015年10月至2016年10月，南非经历一年的广泛学生抗议活动即"学费必须下降"（#FeesMustFall）运动，系南非后种族隔离时代规模最大的一次学生运动，从最初的抗议学费上涨到后来涉及更广泛的社会问题。最终，政府宣布，2016年高校不涨学费，同时政府追加70亿兰特高等教育经费，帮助学校维持运行，学生取得阶段性胜利。——译者注

具备与法国达成交易的条件。然而，法国人的盟友是喀麦隆总统保罗·比亚（Paul Biya）。保罗·比亚自 1982 年以来就一直担任总统职务，这使他成为非洲执政时间第二长的总统、非洲最年长的国家元首和世界上统治时间最长的非皇室领导人。

如今，马克龙努力与非洲领导人会面，这与他刚当选法国总统时的态度形成鲜明对比。

在 2017 年 G20 汉堡峰会的一场新闻发布会上，当被一名来自象牙海岸（一般指科特迪瓦）的记者问及非洲马歇尔计划时，马克龙表示，非洲存在"文明"问题，其中挑战之一是非洲国家"每个妇女仍然有 7 到 8 个孩子"。他的话引发批评者质疑法国在非洲的长期"蜜月期"是否已经结束。

2010—2020年非洲实际GDP增长和吸收不断增长的劳动力所需的GDP增长

图 6.2

来源：Source: African Development Bank / https://www.icafrica.org/ fileadmin/documents/ Publications/AEO_2019-EN.pdf / last accessed December 08, 2022.

拥有庞大的青年人口、前任独裁者死亡或被流放、外国势力对贸易的影响干涉弱化，对一个饱受剥削撕裂的地区来说是好事；然而，仅凭这些并不能保证取得明显的胜利或实现改变。

南非是非洲资源最丰富的国家，根据 2022 年第一季度劳动力调查，南非拥有 4000 万劳动人口，其中一半以上（51.6%）是年轻人（15~34 岁），但 2020 年该国的青年失业率高达 59.6%。[①]

非洲的未来可能是光明的，但目前的进展仍受到法国（更大程度上是欧洲）的阻碍。法国控制着 14 个非洲国家的金融体系，并对贸易实施管制，这些管制只有利于其利益，并阻碍了作为庞大工业体系中一部分年轻人迫切需要的跨境交易的发展，从而遏制了非洲的进步。

我们是家人？我们是"法非共荣"

几乎整个非洲都曾在历史的某个时刻被欧洲殖民过。尽管非洲土地遭受蹂躏的时间更长，但在 1881—1914 年这段被称为新帝国主义的时期，七个西欧列强——法国、英国、葡萄牙、西班牙、德国、意大利和比利时，开始了所谓的"非洲争夺战"。坦率地说，这是一场掠夺非洲资源并奴役其居民的竞赛。

英国控制着非洲近 30% 的土地，法国 15%，葡萄牙 11%，德国 9%，比利时和意大利分别占据了该地区的 7% 和 1%。当时，尼日利亚有 1500 万民众，比整个法属西非或整个德国殖民帝国人口总数还要多。

"非洲争夺战"又称"瓜分非洲"或"征服非洲"，它导致非洲被侵略、吞并、分裂和殖民化，其影响至今仍可感受到。

---

① 南非统计局.南非青年继续承受着失业的负担[EB/OL]. (2022-06-01) [2022-09-04]. https://www.statssa.gov.za/?p=15407

第二次世界大战后，欧洲的状况很糟糕，本国经济都难以维持收支平衡，更不用说维持其殖民地的了。这些列强的殖民地受够了几个世纪以来系统性的种族主义和虐待，开始寻求独立，并挑战其殖民者的权威。

在遭受纳粹占领的摧残、后来的印度支那战争（1946—1954 年）以及阿尔及利亚战争（1954—1962 年）之后，法国担心失去在非洲的权力。法国政治家开始与非洲大陆剩余的殖民地建立联系。

1958 年 9 月，法国总统夏尔·戴高乐（Charles de Gaulle）认识到非洲国家具有独立的合法要求，于是组织了一次全民公决来决定其殖民地的命运。戴高乐承诺，只要它们在法兰西共同体经历一段时间的政治学习，它们就会获得独立；法兰西共同体是一个包含法国及其殖民地的组织。

投"赞成"票的国家将加入法兰西共同体并开始它们的独立之旅，一旦法国认为这些国家准备就绪，就会给予独立。投"反对"票意味着立即独立。不过，戴高乐也警告说，投"反对"票的国家将会和法国"分离"，法国将停止为它们提供财政、军事和物质援助。

几乎所有国家都投了"赞成"票，只有几内亚例外，它在下个月便获得了独立。几内亚总统艾哈迈德·塞古·杜尔（Ahmed Sékou Touré）既不是法国的忠实拥护者，也没有在法国接受过教育。其他国家在差不多两年后也获得了独立，但这些国家并没有像几内亚一样获得真正的自由，而是在签署"合作协议"的条件下才获得了独立。

通过支持独裁者、操纵选举、政治犯罪和腐败以及军事干预的残忍方式，法国政府及其后几任总统继续坚持已经扭曲的"法非共荣"

（"Françafrique"）愿景。"法非共荣"是非洲和法国政客用来浪漫化他们密切的政治关系的一个词语，最初由科特迪瓦总统费利克斯·乌弗埃－博瓦尼（Félix Houphouët-Boigny）于 1955 年提出。

该词最初被称为"法兰西－非洲"（France-Afrique），形容法国与其前殖民地之间非正式的、类似家庭的关系，后来弗朗索瓦－泽维尔·维沙夫（François-Xavier Verschave）代之以"法非共荣"，并将此词用于他 1998 年出版的书《法非共荣：共和国历时最长的丑闻》的书名，该书批判了法国对非洲的统治。

维沙夫是法国非政府组织"Survie"（生存）的创始人之一，该组织致力于与发展中国家的饥饿和腐败现象作斗争。他重新定义了这一表达方式，陈述和谴责法国与非洲之间的许多隐蔽联系。他将"法非共荣"界定为"法国政治和经济高层的秘密犯罪，在那里隐藏着一个地下共和国"。

维沙夫的"Françafrique"是一个双关语，给人一种文辞上的道义审判的感觉，它听起来像"France à fric"，意思是"法国的资金来源"。

正如维沙夫指出的那样，使用双关语是一个有意识的决定："40年来，成千上万的欧元在债务、援助、石油、可可等方面被挪用或通过法国进口垄断企业流失，用以资助法国的政治－商业网络（这些都是新戴高乐主义网络的主要分支）、股东分红、特工部门的重大行动和雇佣军远征。"

如今，法国是前殖民大国中在非洲驻军最多的国家，但中国和俄罗斯的影响以及大多数希望变革的年轻人的存在，正逐渐揭露"法非共荣"的真实面目——一个未经人民同意的大国之间的协议，旨在让大家使用一种让各国负债的货币。

最后的殖民货币

法国前总统雅克·希拉克（Jacques Chirac）承认："没有非洲，法国将滑落到第三（世界）强国的水平。"在一份报复性声明中，他说："我们必须诚实地承认，我们银行中大部分的资金正是来自对非洲大陆的剥削。"

法国通过帝国货币政策继续其在非洲的殖民统治。该政策涉及实行一种由位于沙马利耶尔的法兰西银行铸造和管理的货币。

非洲法郎（非洲金融共同体法郎）是撒哈拉以南非洲的 14 个国家使用的一种货币，分为两个衍生货币联盟，分别统治两个子区域。中非法郎由中部非洲经济和货币联盟管理，而西非法郎则属于西非货币联盟的监管范围。

当从前的法国殖民地被授予统治自己国家的主权时，就需要货币体系。为了换取当时由法郎支持的稳定性，1945 年，非洲法郎专为这些新国家而造，而作为回报，它们必须将其外汇储备的 50% 存入法国国库。《华尔街日报》专门对非洲法郎进行了报道，称其为"货币殖民主义"。

使用非洲法郎的 14 个国家（喀麦隆、中非共和国、乍得、刚果共和国、赤道几内亚、加蓬、贝宁、布基纳法索、科特迪瓦、几内亚比绍、马里、尼日尔、塞内加尔和多哥）在宣布独立于法国多年后，继续将它们的外汇储备存入法国中央银行，这个体系本应保证非洲法郎与其他货币的兑换，最终却使其成为另一种货币，就像法属波利尼西亚的太平洋法郎（CFP 法郎）一样，造成经济上的依赖性，并将前殖民地与法国绑在一起。这也意味着这些国家必须向法国支付储存货币的费用。

这种后殖民时期的"免费用餐制度"被掩盖了起来，不为公众所知，而法国则对这种剥削行为进行了粉饰，使其看起来像是巴黎将该地区的最大利益放在心上。法国和非洲政治家们都被劝阻不要对非洲法郎发表评论，除非他们想承担后果。

当几内亚在 1960 年发行自己的国家货币时，法国派遣特工进入该国执行破坏任务，用假钞充斥市场，扰乱商业和人民生计，从而紊乱和破坏货币的流通。几内亚的许多公民和机构在这一过程中破产。人们选择自杀结束自己的生命。

具有讽刺意味的是，自 1945 年以来，非洲法郎体系就一直在迫使非洲各国央行将大量外汇储备存入法国国库，所存入的金额相当于援助金额的 2 倍，但正如法国政府所说，这种"益处"是非洲给予的回报。

由于现在与欧元挂钩，非洲的货币和贸易问题因整个大陆金融体系的扩大而加剧。非洲与欧盟其他国家的贸易和关系，与法国对非洲的资本化密不可分。因此，欧洲对 2011 年科特迪瓦大屠杀等暴行保持了震耳欲聋的沉默，这是法国干预该国政治的结果。

非洲法郎必须由非洲充足的外汇储备来维持，这就给那些无法通过贸易获得足够收入的国家造成了借贷的恶性循环。任何国家都需要借钱来维持本国货币的钉住汇率，这简直是疯狂之举。

非洲联盟？

经过数十年的批评后，人们试图摆脱法国的殖民遗迹，摆脱法国垄断非洲航运、出口和进口的殖民遗迹。

欧盟成立后，非洲领导人之间进行了会谈，最终达成了"埃科"

（eco）的构想，"埃科"作为一种单一的共同货币，将取代西非法郎，从而使这些经济体在贸易和投资流动、政治稳定以及洲际共同协定和路线图方面受益。

该想法最初由 15 个成员国组成的西非国家经济共同体（Economic Community of West African States，简称 ECOWAS）的领导人在 2003 年提出，但由于忠于法国的国家和独立国家的领导人之间缺乏共识，再加上不同经济体的复杂性，这一想法被一再推迟。尽管"埃科"概念已经正式推出，但非洲货币联盟的概念已经被讨论了 30 年。经济驱动者尼日利亚则是这一运动的先锋。

2019 年 6 月 29 日，在尼日利亚首都阿布贾，ECOWAS 终于就实施"埃科"达成一致。ECOWAS 中央银行将被建立并负责管理该货币，仿照联邦制模式，并设立一个联合机构来指导联盟中的其他中央银行。它将按照统一标准逐步实施，不符合标准的国家可以在经济稳定后加入。

在一段时间内，由于时代的变迁和青年选民数量具有压倒性的态势，法国通过安插傀儡领导人和支持独裁者的控制途径似乎正在窄化。

然而，几个月后，科特迪瓦总统阿拉萨内·瓦塔拉（Alassane Ouattara）和法国总统埃马纽埃尔·马克龙在科特迪瓦首都阿比让宣布，8 个 ECOWAS 成员国决定改革非洲法郎，到 2020 年将其更名为"埃科"。

公众对该计划的修改感到震惊，该计划现在规定"埃科"必须围绕 8 个西非法郎区国家建立，并以固定汇率与欧元挂钩，并由法国提供担保。

尼日利亚拥有 2 亿人口，经济总量占该地区 GDP 的 70%，本应成为 ECOWAS 的金融支柱，就像现在德国在欧盟的地位一样。

尽管如此，即使按照目前的主张，"埃科"也有望带来积极的变化。法国代表不再在西非国家中央银行董事会中拥有席位，以及取消50% 的外汇储备必须存入法国国库的强制性规定，这些都是情况改善的明显迹象。

"埃科"实施后取得的这些胜利只适用于西非，而不适用于中部非洲，中部非洲仍然没有计划脱离非洲法郎。但西非的主要问题仍未得到解决。

ECOWAS 中央银行仍然每天需要向法国报告，以确保"可兑换性保证"的实现，法国承诺将通过借出欧元来满足西非国家的资金需求。

新冠疫情大流行破坏了其 2020 年的目标，新冠疫情大流行期间一些非洲国家寻求帮助，要求提供高达 1000 亿美元的国际援助来重启经济。现在，"埃科"被提议在 2027 年推出。

在独立的金融体系建立之前，非洲的债务循环不会结束。

最新的数字前沿

在非洲，头发和发型与文化息息相关。第一夫人和社会名流会定期从各地请来顶级的自由发型师，为的是让自己看起来像那么回事。发型师们只是非洲需求量很大的行业人员的一部分。然而，跨大陆的工作过去只有在涉及有能力拉拢关系的知名人士时才会出现。由于存在限制跨境业务的制裁措施，其余流动性劳动力必须克服当地市场有限的问题。但是非洲劳工已经找到了绕过这些严苛法律的方法，如今西非约 75% 的非正式跨境贸易并未反映在官方统计数据中，根据联合国贸易和发展会议的统计数据，截至 2021 年 12 月，非洲出口总额中仅有 14.4% 涉及跨洲贸易，[①] 为全球最低。

根据 2016 年世界银行集团的报告《从发型师和教师到会计师和医生——非洲服务贸易潜力尚待发掘》，非洲大陆在旅游业等传统服务业方面的出口潜力已得到明确认可，但新的、跨境的、非正式和以知识为基础的服务蓬勃兴起往往被忽视。

非洲东部和南部共同市场（Common Market for Eastern and Southern Africa，简称 COMESA）国家的会计、建筑、工程和法律公司已经开始从事出口业务，主要出口到邻国。医院正在治疗外国患者并使用远程医疗。从美发、建筑、家政到教育、健康和金融，跨境服务似乎正在蓬勃发展，尽管非洲以外的人们并未注意到这一点。

通过促进者和调解者的帮助，商人在国外提供服务时，需要支付一定费用才能在更大的市场中开展业务。然而，当你想让从邻家女孩到顶级模特经纪公司的每个人都预订你的服务时，对于有进取心的个人来说，这只是一个需要付出的很小的代价。

对于这些年轻的自由职业者来说，出口收入往往是他们的主要收入来源。在世界银行的报告中，一位居住在赞比亚的 38 岁刚果美发师海伦（Helene）说："这是我赚钱的唯一途径。我已经能够照顾我的家人。"

进口服务通过增加竞争、改进技术和获得外国资本提高生产力，但阻碍贸易多样化的障碍仍然普遍存在，如国内监管障碍和贸易壁垒增加了交易成本。对远程医疗和网络化学习的限制、医疗保险的不可

---

① 联合国贸易和发展会议.发挥非洲大陆自由贸易区的潜在优势，促进包容性增长 [EB/OL]. (2021-11-29) [2022-04-04]. https://unctad.org/system/files/official-document/aldcafrica2021_en.pdf

携带性以及昂贵的签证和工作许可证，都在减缓非洲就业市场的发展和阻碍减贫工作的开展。

另一个事实是与大多数发达国家每个街角都有自动取款机的情况不同，非洲许多人都缺乏正规的金融服务，最近的银行有时在数千米外的下一个行政区内。

经济实惠的智能手机和互联网的出现，将原本经济上相互隔绝的国家连接在一起，缩小了差距。年轻人是技术的天生接受者，他们发现了开展业务和进行交易的其他方法。其中包括使用加密货币来绕过一些贸易壁垒或避开一些制裁。

在政府因加密货币的匿名性和所谓的缺乏可追溯性而禁止加密货币之前，尼日利亚的加密货币交易量位居第二位，比特币交易量仅次于美国。

2020 年，尼日利亚人在当地加密货币交易所的交易额超过 4 亿美元。尽管后来出现了禁止加密货币的规定，6 家尼日利亚银行也因违反规定而被罚款，但区块链研究公司 Chainalysis 报告称，2022 年 5 月尼日利亚用户的加密货币美元交易量从 2021 年 12 月的 6.84 亿美元增至 24 亿美元。非洲持有和交易的加密货币数量实际上比这要大得多，因为有许多交易无法被分析师追踪。

在抗议警察暴行的 EndSars 示威活动中，尼日利亚一个非营利组织女权主义联盟在政府冻结其银行账户后，仍然成功筹集了资金。他们是通过加密货币做到了这一点，并为此筹集了 15 万美元。

在禁止加密货币约八个月后，尼日利亚政府宣布推出自己的 CBDC，即"e 奈拉"（eNaira）。2021 年 10 月 25 日，尼日利亚总统穆罕默杜·布哈里（Muhammadu Buhari）以"同样的奈拉，更多的可能性"为口号推出了"e 奈拉"，"e 奈拉"为经济包容性和跨境交易的便利性带来希望，但也有人怀疑它由中央银行控制，而中央银行会掌握客户的数据。"e 奈拉"由位于加勒比海地区的金融科技公司 Bitt Inc. 开发，是继巴哈马"沙元"和中国数字人民币之后首批推出的 CBDC 项目之一。

如今，至少有 10 个国家拥有 CBDC，包括加勒比海地区的 DCash 和牙买加的 JamDex，至少有 80 个国家正在开发基于分布式账本技术运行的数字货币。

CBDC 也有批评者，他们认为其具有隐私风险，以及与法定货币一样，其稳定性依赖于 GDP，但研究表明，CBDC 有助于促进现金流动，便利非正式跨境贸易和税收征收，实现国际汇款和直接的福利分配，同时在没有银行的农村地区，CBDC 还能提高金融包容性。

与中央银行发行的纸币不同，CBDC 的设计是单向的，将其存入银行不会产生利息。更准确地说，它的功能是扩大经济和促进贸易发展。

例如，"e 奈拉"通过用户从应用商店下载的 eNaira 极速钱包进行运作。"e 奈拉"与奈拉挂钩，兑换比例为 1∶1，并被视为尼日利亚的官方货币，从个人到企业再到政府机构，在登记其 KYC 详细信息并关联传统银行账户后，都可以轻松采用这种新货币。只要其他国家认可奈拉，它就可以兑换成其他国家的货币。

目前，约 3800 万尼日利亚人被排除在金融体系之外。尼日利亚中央银行制定了到 2024 年 95% 的成年人获得金融包容的目标。由于该中央银行有权直接或通过合作金融机构将资金贷记到任何 eNaira 极速钱包用户的账户，这一目标似乎是可以实现的。如果每个人都必须通过一个地区或区域性银行进行操作，则是不可能实现的。

CBDC 的高效率和高安全特性使其成为非正式汇款和国际汇款的

选择。据悉，非洲的交易成本为 9.3%，而全球平均水平为 7%。

随着石油价格的上涨，尼日利亚希望"e 奈拉"的推出能成为增加出口收入的催化剂，从而增加其外汇储备，并在整个非洲大陆引起多米诺（骨牌）效应①，彻底结束非洲对奴役它的外国货币体系的依赖。

虽然这看起来像是非洲的最终胜利，但人们需要 CBDC 的替代品（无论这种替代品是以加密货币还是稳定币的形式），以便在政府反对他们时保护自己（就像女权主义联盟在 EndSars 活动期间所展示的那样），以及在政府实施禁止与合作伙伴进行跨国贸易的制裁时也能为自己提供保护，考虑到非洲大陆的历史，这种情况会经常发生。随着 CBDC 数量的激增，CBDC 的替代品也将蓬勃发展。我们对两者都需要重视；创意将绕过禁令。

非洲人正在进入一个新时代，随着保守势力的逝去以及外国势力正在消亡中挣扎，这个时机从未如此成熟。

他们从过去的不幸中顽强地站了起来，变得更加睿智，掌握了技术、知识，并意识到自己国家的经济实力。权力的天平即将倾斜，全世界最好小心一点儿。

---

① 多米诺骨牌效应或多米诺效应，通常指一系列的连锁反应，即"牵一发而动全身"。——译者注

7
美国之路

"我喜欢美国，就像其他人一样。我必须得说，我爱美国。但美国将会受到审判。"

　　这句话据说是美国民谣偶像鲍勃·迪伦（Bob Dylan）在他几十年职业生涯中的某个时刻的舞台上说的。尽管未经证实，但这句话很有可能就是出自这位备受争议的歌手之口。他通过煽情的抒情方式批判了美国国内情况和越南战争，抓住了动荡的 20 世纪 60 年代的时代精神。他的成功理念是"早上起床，晚上睡觉，中间做想做的事"。

　　许多国家仍然生活在迪伦歌词中的世界，它们的经济因制裁和贸易禁令而变得支离破碎。这位歌手兼词曲创作家对美国外交政策的评论以及他的成功定义可能在多年前就已经流传，但今天，随着"全球南方"①崛起并争取金融主权，世界正在对美国进行审判。

────────────

　　①　"全球南方"一般是指包括非洲、拉丁美洲和加勒比地区、太平洋岛屿以及亚洲的发展中国家，南南合作金融中心把"全球南方"定义为"77 国集团和中国"。王毅在约翰内斯堡出席第十三次金砖国家安全事务高级代表会议时明确指出，"全球南方"是新兴市场国家和发展中国家的集合体。——译者注

美国实力受到新世界强国的质疑，而其老盟友也开始重新评估它们与这个贸易巨头之间转瞬即逝的关系。

2022 年一个令人震惊的消息是，金砖五国（巴西、俄罗斯、印度、中国和南非）正在寻求增加新成员，其中包括埃及、沙特阿拉伯（美国在中东最强大的盟友）等。在全球市场上，新兴经济体国家的政府希望减少贸易壁垒带来的限制，这些壁垒阻碍了经济关系的建立，如中国和俄罗斯积极寻找能源和矿产的替代供应商。

尽管特朗普政府一再向它的欧洲老朋友们发出警告，这些老朋友还是果断打破了对伊朗的制裁，以避免伊朗在疫情期间因医疗物资短缺而引发人道主义危机。在俄乌冲突爆发前几个月，华盛顿特区的国会议员斥责了一个德国港口，并威胁要对其实施制裁，此举影响了该国乃至整个欧洲对俄罗斯石油的贸易关系。美国和欧洲的关系正在不断恶化。

自从美元成为世界贸易货币以来，一直有人试图摆脱它，特别是在第二次世界大战后不久，当时欧洲和日本的中央银行试图秘密增加黄金储备，以便本国货币能够挑战美元。这导致金本位制被废除，美元与美国经济和政府信用挂钩。

美元仍然控制着世界贸易，不仅被美国用作对付被其标记为"敌国"的武器，还被用来对付那些违背华盛顿意愿并与"敌国"进行交易的政府。

制裁本应是为了遏制犯罪和恐怖活动的发生，惩罚纵容侵犯人权行为的政府，例如美国在 1986 年通过《全面反种族隔离法》制裁南非政府，但有人会说，制裁还与美元和美国银行帝国，包括其环球银行金融电信协会系统一起欺压贫穷国家，迫使它们接受不公平的贸易条件。美国通过强迫各国在世界市场上仅以美元进行商品交易，将自己的货币帝国主义强加给"全球南方"国家。

自"9·11"事件以来，世界已经发生了变化。布什政府进行的许多"邪恶轴心"[①]宣传从未真正深入人心，而在美国领导人侵伊拉克之后，"确凿的证据"从未被发现。华盛顿对伊朗核武器计划的指控同样缺乏证据——尽管伊朗有能力生产武器级别的铀，但迄今为止联合国调查人员尚未发现任何证据，而伊朗数十年来一直受到美国的多重制裁。相比之下，美国却拥有全球第二大核武库。

从长远来看，美国和联合国实施的制裁会造成更大的损害，因为这些制裁会令"敌对"国家进一步被排除在世界贸易之外，从而迫使它与其他反对美国的力量联合起来，无论它是一个国家还是一个恐怖组织。

如果制裁是为了缓和紧张局势，那么事实上制裁已经成功地适得其反。斯德哥尔摩国际和平研究所预测，未来十年核弹头数量将增加，从而扭转自冷战的鼎盛时期以来因现役核武器减少而出现的裁军趋势。

截至 2022 年 1 月，美国和俄罗斯拥有约 90% 的大规模杀伤性武器（WMD）[②]。

讽刺的是，美国凭借其否决权，通过联合国对核弹头数量少于美国的国家实施制裁，并在需要时解除制裁，以取得优势。

---

① 邪恶轴心论是美国总统小布什的先发制人战略的重要组成部分，布什以军事绝对安全为最重要的外交目标，将伊朗、伊拉克、朝鲜定义为所谓的邪恶轴心。——译者注
② 大规模杀伤性武器指用来大规模屠杀的武器，一般针对的是平民，但是也可以针对军事人员。它包括三类武器：核武器（包括放射性武器）、化学武器、生物武器。——译者注

在苏联占领阿富汗的 10 年间，历任美国总统都否认巴基斯坦正在发展核武器，并解除了对该国的制裁，尽管巴基斯坦早在几年前就已经开始建造核弹头，以应对与印度日益紧张的局势。美国解除制裁是为了资助在巴基斯坦边境建立基地的反苏叛军。

巴基斯坦作为阿富汗的邻国，其支持对美国至关重要。然而，就在苏联军队从"帝国坟场"①撤军几个月后，美国指责巴基斯坦向伊朗和朝鲜交易核秘密，再次对巴基斯坦实施制裁，终止了对该国的资助，包括军事和人道主义援助。

除了政治，受西方单方面霸权制裁影响最大的还是经济与民生。一方面要经济稳定，另一方面要金融主权，即使是被制裁的最民主的国家，也不可能得到公平的结果。当国家受到制裁时，公民的自由流动变得更加困难，因此原本可以在国外找到工作的人会陷入困境，并被迫生活在残酷的政权统治下。自 2018 年以来，#SanctionsTargetMe（"制裁的目标是我"）一直是全球社交媒体上反复出现的热门话题标签。

经济阵痛也延伸到了邻国和贸易伙伴。2014 年，欧盟因乌克兰危机而对俄罗斯实施制裁后，保加利亚总理博伊科·鲍里索夫（Boiko Borisov）表示："我不知道俄罗斯受到制裁的影响如何，但保加利亚受到的影响很严重。"

---

① "帝国坟场"是阿富汗的绰号，其获得这个绰号主要是因为阿富汗几乎经历了历史上所有大国的入侵，但都屹立不倒。——译者注

战争的不确定性和西方国家的制裁导致俄罗斯股市大幅下跌
MOEX，俄罗斯股票指数（1997年9月22日=100）

图 7.1

来源：Deloitte Insights https://www2.deloitte.com/xe/en/insights/economy/global-economic-impact-of-sanctions-on-russia.html

制裁是一把双刃剑；在某些情况下，经济战可能会解决问题，但在另一些情况下，它只会导致更多国内冲突，这些冲突会伤害到很多贫困社区。独裁者不一定会因为制裁而倒台，但公民秩序总会因为制裁而混乱。

随着越来越多的国家加入去美元化的行列，美国意识到时代正在发生变化。然而，华盛顿的反应一点儿也不富有诗意。

孤立的美国

1807 年，美国对全世界进行制裁，实际上是用比冷战期间更严格的自我限制将自己孤立了起来。美国独立战争结束后不久，这个新生的国家就又陷入了拿破仑战争的战火。

为了争夺大西洋贸易航线，英国和法国瞄准并袭击了驶向欧洲的中立美国商船，试图破坏竞争对手的贸易。作为与"敌国"进行贸易的惩罚，两国海军都将美国的船只和货物作为违禁品进行扣押。

在被英国扣留的美国水手中，那些曾在英国船只上工作过或曾是英国公民的人被视为王室的逃兵和叛徒。大多数人被征召回英国皇家海军，再次被强制征召服役，尽管其中一些人拥有可以证明其美国公民身份的文件，而另一些人只是以前在英国航运业工作过的美国公民。

在一次特殊事件中，美国军舰切萨皮克号遭到袭击，并被登船搜查和特意捕捉逃兵，结果英国发现了 4 名逃兵——3 名美国人和 1 名英国人。这些美国水手最初被判处鞭笞 500 下，但迫于外交压力被释放。唯一的英国人随后被军事法庭判处绞刑。另外有 3 名美国水手在袭击中丧生，18 名切萨皮克号船员受伤。

这一事件在美国引起了众怒，因为这表明政府无法保护自己的航运公司和公民。美国总统托马斯·杰斐逊（Thomas Jefferson）发布命令，要求所有英国船只立即离开美国水域。

以其人之道，还治其人之身，《禁运法案》于 1807 年 12 月对美国管辖下的所有船只生效。根据美国海军和联邦税收官员的强制要求，往返于美国港口和外国目的地之间的商船必须缴纳保证金或担保金。禁运来自英国的货物，包括皮革、丝绸、黄铜、羊毛、玻璃、服装和啤酒。

贸易孤立意味着美国只能在受监管和重税的情况下与自己做生意。除了总统直接指派的船只和美国海军，其他船只未经许可不得出海。欧洲船只根本不允许停靠。

作为一个新兴国家，美国除了欧洲没有太多贸易伙伴，而英国和法国却可以依靠自己的殖民地获得资源、奴隶劳动力和展开贸易。

1807 年的《禁运法案》彻底失败了。研究表明，该政策导致美国经济萎缩了 5%。此次禁运的实施是为了给英国和法国一个教训，但实际上对美国商业造成的伤害更大，因为前往美国的欧洲船只通过将所有权转让给美国航运公司，就欺骗了港口当局，并轻松躲过了检查，其他航运公司也使用了这种策略绕过制裁。事实上，英国和法国的航运公司对免去美国竞争感到高兴，并继续将其殖民地扩展到世界其他地区。

美国商人越来越多地转向犯罪生活。走私活动变得非常猖獗并被接受，以至于佛蒙特州的一些贸易商真实地表示，他们更喜欢这种非法行为而不是正规贸易，因为这样更有利可图。公众也认为禁运侵犯了他们的权利。

仅仅几年后，该法案就被废除了，但那时的美国已经被削弱了。在这一情形下，英国与美国之间的另一场战争（1812 年战争）随之爆发。美国最终从错误中吸取了教训，并在第一次世界大战期间再次实施了制裁。只是这一次，形势发生了逆转。

美国不再是一个前途未卜的新国家，在经历了几个世纪的欧洲冲突之后，随着第二次世界大战的结束，美国拥有当时世界上最大的军队和财富储备。

现今，美国主导着贸易路线，而这些路线曾被用来剥夺美国在全球贸易谈判桌上的地位。美国现在已坐上了谈判桌的头把交椅，设置自己的贸易障碍，扣押"敌对"国家的货物。

但在谈判桌的另一头，是世界上的新兴大国，这意味着坐在中间的其他国家现在被卷入争端。

石油美元体系的衰落

在两伊战争 [①]（1980—1988 年）期间，十多万伊朗军队和包括妇女和儿童在内的平民遭到萨达姆·侯赛因 [②]（Saddam Hussein）的化学武器袭击。超过一半的人死亡，据报道，有 2 万名士兵因神经毒气当场死亡，而幸存者则生活在肺癌和皮肤癌等永久性恶化的身体状况中。

根据伊拉克的文件，来自美国、德国、荷兰、英国、法国、意大利和澳大利亚的公司参与了伊拉克化学武器的制造，包括向伊拉克化学武器工厂出口原材料。

美国中央情报局（CIA）的解密文件显示，美国向伊拉克提供了侦察情报，以对伊朗军队发动化学武器袭击，并知道将会使用沙林——一种毒性极强的神经毒剂，这种毒剂的使用会影响附近的村民。

联合国调查人员和官员一再报告称，伊朗没有大规模杀伤性武器。伊朗已经签署了谴责拥有大规模杀伤性武器的条约，包括《禁止生物武器公约》《禁止化学武器公约》《不扩散核武器条约》（NPT）。作为战争中禁止使用的化学武器的受害者，伊朗发布了一项法特瓦（穆斯林宗教法令），禁止拥有核武器或大规模杀伤性武器。

美国对伊朗所谓核武器的偏执源于其过去的努力，而该国除石油储备还发现了大量铀矿，这又使情况变得更加复杂。即使在新冠疫情大流行期间，这是否足以成为美国继续实施制裁的理由？

---

① 两伊战争是指 1980—1988 年伊朗和伊拉克之间的局部战争。——译者注
② 萨达姆·侯赛因是伊拉克第五任总统、政治家、军人。——译者注

特朗普政府让美国退出了伊朗核协议，并直截了当地告诉伊朗，病毒不会让他们免受制裁。美国还拒绝解除对伊朗石油收入的限制，而中东国家本可以用这些收入换取医疗用品。

幸运的是，欧盟早在一年前就已经无视华盛顿的威胁，推出了贸易往来支持工具（INSTEX）。这是一种专门与伊朗进行贸易的特殊目的工具（SPV），在独立的银行系统上运行，绕过了美国的 SWIFT 系统和美元。

比利时、丹麦、荷兰、芬兰和瑞典等五个欧盟国家最初于 2019 年 1 月利用 INSTEX 规避制裁，参与食品和医疗用品贸易。新冠疫情大流行期间，其他欧洲国家也加入了进来，它们绕过美国制裁以避免伊朗因医疗设备短缺而引发人道主义危机。美国财政部于 2020 年 10 月作出回应，宣布实施新一轮制裁，将伊朗 18 家主要银行列入了黑名单，有效地将伊朗排除在全球金融体系之外。

然而，反对美元的呼声日益高涨，欧洲规避美国对伊朗制裁的举动只是一个开始。

沙特阿拉伯正在重新定义其与美国长达数十年的排他性关系。美国总统乔·拜登和沙特阿拉伯王储穆罕默德·本·萨勒曼（Mohammed bin Salman）在吉达王宫令人不安的碰拳示好，表明美国对沙特阿拉伯的需求超过了沙特阿拉伯对其最大石油客户的需求。

拜登的不安源于他在 2019 年的美国竞选活动中曾称沙特阿拉伯王室和公民为"贱民"。拜登发出这一威胁之前，美国中央情报局指控沙特王储批准在伊斯坦布尔领事馆杀害和肢解《华盛顿邮报》记者以及沙特阿拉伯异见人士贾迈勒·卡舒吉（Jamal Khashoggi）。

拜登强调他们将为这起谋杀案"付出代价"，并在其 2020 年总统竞选期间承诺，他不会向沙特阿拉伯出售武器。这与奥巴马政府（提出了 1150 亿美元的军火交易）和特朗普政府（3500 亿美元的军火交易）形成了鲜明对比。

当时，这位未来的美国总统说："我要明确表示，我们实际上不会向他们出售更多武器。""我们要让他们付出代价，让他们成为真正的贱民。"

拜登补充道，"沙特阿拉伯现任政府几乎没有什么社会救赎价值"，在谈到也门问题时，他说他将"停止向沙特阿拉伯出售物资，因为他们正在也门杀害儿童"。

赢得大选后，拜登的态度发生了变化。尽管拜登表示上任后不会与王储对话，但他发现自己处于尴尬的境地，而在王宫闪烁的摄像机前，他的所作所为完全相反。

时隔一个月，2022 年 8 月，拜登领导的美国政府就批准了向沙特阿拉伯和阿拉伯联合酋长国出售价值 30 亿美元和 22 亿美元的"爱国者"导弹的军火交易，用于防御伊朗。

拜登访问前，当被问及有关"贱民"言论时，沙特阿拉伯外交部长阿德尔·本·艾哈迈德·朱拜尔（Adel bin Ahmed al-Jubeir）表示："竞选中发生的事情，就是我所说的愚蠢季节发生的事情。"

拜登的沙特阿拉伯之行是为了说服王储增加石油产量，因为美国及其盟国正面临天然气和能源短缺的寒冬。

作为回应，石油输出国组织①（Organization of Petroleum Exporting Countries，简称 OPEC）及其盟国，即 OPEC+（俄罗斯也是其成员之一）决定把石油日产量增加至 10 万桶，这是该组织有史以来最低的

---

① 石油输出国组织是亚洲、非洲、拉丁美洲石油生产国为协调成员国石油政策，反对西方石油垄断资本的剥削和控制而建立的国际组织。它的宗旨是协调和统一成员国石油政策，维持国际石油市场价格稳定，确保石油生产国获得稳定收入。——译者注

增产幅度。这个结果打了美国一记响亮的耳光。

拜登的最新威胁是在 2022 年 10 月接受美国有线电视新闻网（CNN）采访时发出的。他在采访中表示，沙特阿拉伯将因 OPEC+ 石油减产而面临一定的"后果"，在俄乌冲突持续到第 8 个月时，OPEC+ 石油减产缓解了俄罗斯的财政困难状况。

事实上，沙特阿拉伯一直在资助并加速 CBDC 的发展。沙特阿拉伯中央银行已经在利雅得组建了一个团队，与全球最大的几家加密货币公司就未来的监管进行接触，并与阿拉伯联合酋长国合作开发一种共享数字货币。

这是为了促使与中国等新玩家的贸易更加顺畅。部分转用人民币支付，这将使支付给中国承包商的款项不会因汇率等因素出现常见的风险。

探索数字支付已经提上了沙特阿拉伯的议事日程。该国 14% 的地区已经采用了加密货币交易。沙特阿美能源风险投资公司购买了基于区块链的石油交易平台 Vakt 的 500 万美元的新股，成为 Vakt 的股东。

阿美贸易公司是沙特王国公共石油和天然气公司沙特阿美的子公司，它会使用该平台进行交易后处理。自 2018 年底以来，该平台已被应用于北海主要原油等级交易中布伦特国际油价基准的设定。

石油美元体系在很大程度上保证了美元的需求和信誉。经济学家盖尔·拉夫特（Gal Luft）指出："石油市场乃至整个全球大宗商品市场，是美元作为储备货币地位的保障策略。"盖尔·拉夫特是全球安全分析研究所的联席所长，也是《去美元化：货币改元，金融更序》一书的作者之一。他补充道："如果这块墙砖被拆除，墙就会开始倒塌。"

2020 年，超过四分之一的沙特石油出口到了中国。沙特阿美还与中国北方工业集团（Norinco）签署了一项价值 100 亿美元的协议，用于建设一个石化综合厂。该项目原计划于 2020 年开始建造，因油价暴跌而推迟，但后来逐步重启。

在地中海彼岸，美国在欧洲的长期盟友也感受到了经济上的压力。随着漫长冬季的临近，俄乌冲突导致整个欧洲出现粮食和能源短缺，美国的西方盟友对此感到担忧，并采取了孤注一掷的措施。

与制裁对象俄罗斯相比，制裁对邻国的伤害更大，欧洲各地的物价都在飙升，人们纷纷购买柴炉和太阳能电池板，以应对长期天然气的短缺。

英国政府和英格兰银行计划在两年内将家庭电费和燃气费控制在每年 2500 英镑（2819 美元），以抑制通货膨胀。据估计，为保护公民权益，英国将花费 1000 亿英镑。然而，英国在几天后又宣布了一项新的减税方案，其中一些针对的是英国最富有的人群。这项旨在刺激经济增长的一揽子计划预计将在五年内让纳税人花费 1610 亿英镑。市场对此感到震惊，并给出了相应的反应。

不被看好的财政政策以及利率上调几乎在一夜之间导致英镑下跌超过 10%，也使天然气价格飙升——天然气短缺导致天然气价格在 2022 年 9 月之前的 12 个月内上涨了约 600%。与此同时，尽管俄罗斯受到了各种制裁，俄罗斯卢布却比新冠疫情大流行前更加坚挺。反映卢布走强的是美元，这向我们表明，除非你是世界强国，否则在巨头争斗时，你几乎无法抵挡随之而来的巨浪。

显然，乌克兰将经历数月甚至数年的军事战斗，尽管美国试图扑灭与其他盟友关系恶化的火焰，欧洲能够承受多久的打击？

击败美元

2022 年 3 月，国际货币基金组织宣布，尽管美国的全球产出在过去 20 年里一直在下降，但美元在全球市场上仍然发挥着"巨大作用"。其他国家的中央银行也因此削减了美元储备。2021 年第四季度，美元在全球外汇储备中的份额跌至 59% 以下。

引人注目的是，国际货币基金组织在其文件中指出，美元份额下降，"并没有伴随英镑、日元和欧元等长期储备货币的份额增加……更准确地说，美元的流出有两个方向：四分之一的美元转化为人民币，四分之三的美元流向了作为储备货币作用较为有限的小国货币"。

世界黄金协会的一项调查也指出，在接受调查的 57 家中央银行中，有 80% 的中央银行预计将在下一年扩大黄金储备。尤其是发展中国家，正在引领黄金回流。

这就不难理解，为什么陷入经济下滑旋涡的国家会想要踩下刹车，并抛弃一开始让它们陷入困境的东西。例如，埃及正在发行以人民币计价的债务，以便在中国债券市场筹集资金。

埃及经济学家马格迪·阿卜杜勒·阿尔哈迪（Magdy Abd Alhadi）表示："不断增长的债务和高昂的美元借贷成本迫使埃及寻求其他融资窗口，以避免潜在的主权债务危机和埃及镑（EGP）购买力的崩溃，主权债务危机和 EGP 购买力的崩溃都会破坏社会和政府的稳定。"独立分析师菲拉斯·摩达德（Firas Modad）补充道："埃及从中国进口大量商品和服务，包括为了新行政首都建设的商品和服务。这就要求埃及能够获得人民币。用人民币借款可能比用美元借款再兑换成人民币更便宜。"

与此同时，为保护卢布，俄罗斯自冲突以来已将利率提高了20%，并实施了资本管制，要求敌对国家用卢布支付其石油费用。

如果说我们可以从 2008 年金融危机的灾难中学到什么，那就是美国政府会像英国议会一样，将在必要时救助大银行，并将其置于公民的经济福祉之上。在它们看来，公众可以被压榨，但经济增长和战争必须继续，以免其输掉正在进行的制裁和贸易战。

美联储加息时，投资者会取出美元，这是传统的市场基本面，因此，随着加息在全球造成破坏，以美元计价的外国投资也会随着美国通货膨胀而撤出。

作为 2008 年的应对措施，各国央行开始关注加密货币的好处，并开始尝试区块链技术。CBDC 的快速发展预示着美元全球外汇储备的萎缩。CBDC 在区块链上运行，走在 CBDC 之前的是比特币和随后的加密货币，如在 2008 年危机的灰烬中诞生的以太坊。

自区块链在中本聪的白皮书中首次亮相以来，金融界一直对其实现无缝跨境交易的可能性充满兴趣。2016—2017 年，包括欧洲中央银行、挪威中央银行和加拿大中央银行在内的多国央行开始探索主权数字货币，瑞典中央银行力促决定推出数字货币，英格兰银行则在发表了一篇基于模拟模型的论文后，也展开了长达数年的研究。

随着加密货币的发展，中国于 2014 年开始探索 CBDC，并随后进行了广泛测试。自 2019 年以来，数字人民币已在全国多个城市中心进行试点测试，其 2021 年下半年的交易总额为 83.7 亿美元，平均每月约 14 亿美元。

虽然与阿里巴巴的支付宝和腾讯的微信支付等在市场上处于领先地位的中国科技巨头相比，e-CNY 的交易量远远落后，但在 2022 年北京冬奥会期间，数字人民币每天的交易量超过 31.5 万美元。

奥运村的运动员、媒体、游客和官员只有三种支付方式：现金、Visa 或 e-CNY。麦当劳、Visa 和耐克等美国公司在冬奥会开幕前几个月引入安装 e-CNY 支付系统。比赛场馆各处都设有自动取款机，可将外币兑换成人民币或 e-CNY。

通过智能手机应用程序、实体支付卡或赛事开始时免费发放的可穿戴腕带，数字人民币基本上打破了 Visa 在北京冬奥会期间对支付服务的垄断。

美国政府对中国政府在国际活动中测试其 CBDC，以及在数字货币竞赛中击败美国感到愤怒，称 e-CNY 是"对个人用户的巨大安全威胁"，并建议参与者使用抛弃式手机[①]和加密货币，以确保他们免受"监视和操纵"。

世界上的老牌强国虽然从 2008 年起就开始关注加密货币的发展，却迟迟没有给出反应，在推出自己的 CBDC 方面进展也缓慢。尽管如此，区块链的力量不容忽视。

2021 年，七国集团[②]（Group of Seven，简称 G7）金融官员批准了 13 项针对零售 CBDC 的公共政策原则，称这些原则应以透明、法治和健全的经济治理为基础。G7 财长和中央银行行长在一份联合声明中表示："数字货币和支付领域的创新有可能带来巨大利益，但也会引发大量公共政策和监管问题。"

总体而言，各国中央银行正在探索将 CBDC 作为促进系统化和透明化的货币政策加速实施的一种方式，从而以更快的货币兑换速度

① 抛弃式手机通常指简单便宜的一次性手机，话费预付，通常用完即可丢弃，不会通过 SIM 卡被定位到。——译者注
② 七国集团是主要工业国家会晤和讨论政策的论坛，成员国包括美国、英国、法国、德国、日本、意大利和加拿大七个发达国家。——译者注

加快经济增长。有了可追踪的数据，CBDC 可以用作商品和服务定价的记账单位，为中央银行经济学家提供制定健全金融政策所需的重要信息。

随着智能手机越来越便宜，跨国网络服务提供商将其业务范围扩大到农村社区，而数字货币，包括 CBDC，都将为没有银行账户的人提供银行服务。最后，考虑到去美元化的复合效应，数字货币除了作为一种无缝的交换媒介，还可以作为一种价值储存方式。

如今，世界上大多数国家已经开始研究或开发 CBDC，其中少数央行支持的数字货币正在进行广泛的试点工作或测试。

2022 年的里程碑事件是，以色列、挪威和瑞典的中央银行合作探索零售 CBDC。该项目由国际清算银行（Bank for International Settlements，简称 BIS）负责运行，被命名为 icebreaker 即"破冰者项目"[①]。正如 BIS 宣布的那样，新的零售 CBDC 是继亚洲多边央行数字货币项目取得成功之后推出的，这个亚洲央行数字货币项目完成了超过 2200 万美元的外汇交易。

国际清算银行创新枢纽北欧中心负责人贝朱·沙阿（Beju Shah）表示，"破冰者项目"将是一次尝试，将深入探讨技术、架构和设计选择及权衡，同时探索相关政策问题。他补充道："对于考虑在跨境支付中实施 CBDC 的中央银行来说，这些经验非常宝贵。"

截至 2022 年 9 月，已经有 105 个国家正在积极探索自己的 CBDC。

---

① "破冰者项目"由瑞典中央银行、以色列银行、挪威银行与国际清算银行（北欧）创新中心于 2022 年 9 月 28 日共同发起，该项目希望通过一个"中心"将上述央行机构的国内概念验证 CBDC 系统连接起来，目的是测试一些具体的关键功能以及将不同国家 CBDC 系统互联的技术可行性。——译者注

新布雷顿森林体系

当货币没有用途时，它就没有价值；相反，当货币有更多用途时，它的价值就会增加。

作为区块链和 CBDC 的金融用例，透明度、数据监控、低交易费用和更多可能性正在被发现，从而为 CBDC 以及与 CBDC 相关的其他形式的数字货币增加价值，例如由包括美元在内的传统现实世界资产支持的稳定币。

就 CBDC 而言，它有两种使用场景：本地交易和跨境交易。在本地交易中，由于许多支付选项已经存在，因此 CBDC 的目标是提高支付效率。

另一种使用场景是跨境交易，对于希望摆脱美元并在 SWIFT 之外创造流动性的国家来说，跨境交易才是 CBDC 的真正价值。

尽管全世界都在研究 CBDC，但只有少数国家进行了像中国这样的广泛测试，即使中国利用其冬奥会主办国的地位在国外设备上进行了 e-CNY 测试，但也无法与离岸数字人民币（e-CNH）这枚"金蛋"相提并论。

与 e-CNY 不同，e-CNH 没有面临同样的限制，可以在全球市场上自由交易；其价格根据买卖量而波动，与外汇市场的运作方式如出一辙。

人民币监管的放松导致人民币的境外使用激增。e-CNH 的目标是进一步加强人民币的主导地位，特别是在 2009 年以来出现的 30 个离岸人民币市场。

巴哈马将 CBDC 视为连接分散在多个岛屿上人口的一种方式。由于传统的银行基础设施成本过高，尽管这个岛国在游客中很受欢迎，却缺乏国际银行业参与者。"沙元"是世界上第一个中央银行数字货币，它为巴哈马人带来了金融包容性，此前巴哈马人中有 20% 的成年人口没有银行账户。

同样，国际货币基金组织注意到，东加勒比货币联盟（Eastern Caribbean Currency Union，简称 ECCU）中的国家在更大范围内也出现了同样的情况，在这些国家中，互不相连的岛国导致外国银行的衰落，这些银行以行业获利能力低为由撤出了该地区。经过一年的快速采用，东加勒比货币联盟目前正在考虑将其数字货币 DCash 变成官方的 CBDC。

这表明政府可以整合 CBDC 支出，降低向金融封闭地区提供货币援助的成本，尤其是在发生自然灾害的情况下。2019 年，"沙元"帮助减少了对飓风受灾地区的援助支付成本；2021 年，DCash 在受火山喷发影响的地区进行了试点运行。

在发达地区，提供支付服务总是被认为是理所当然的，但正如瑞典所指出的，即使是市中心也存在银行服务不足的人口。

瑞典中央银行认为，在无现金社会中，老年人和某些残疾群体可能会受到不利影响。如今，随着纸币的使用越来越少，瑞典中央银行正在关注如何在使用 CBDC 时为这些群体完善（依赖）纸币使用可能产生的银行服务不足。

为使支付服务提供商和公众之间的关系更加公平，CBDC 可以通过与其他参与者竞争或整合到他们的平台中来打破其他参与者的垄断。瑞典中央银行认为 e-krona[①] 是加强竞争的一种方式，这样公众支付的交易费用就会减少，创新也不会停止。

---

① e-krona 是瑞典中央银行研究推出的数字货币电子克朗。——译者注

瑞典中央银行和中国人民银行（the People's Bank of China，简称 PBOC）也将 CBDC 视为后备力量，以防支付服务市场上少数垄断参与者的产品出现故障。随着纸币的消失，这种风险将会加剧。

中央政府掌握着访问我们数据的密钥，可以利用 CBDC 从根本上减少洗钱、逃税和恐怖主义融资等非法活动。举例来说，巴哈马由于其金融框架在打击洗钱和恐怖主义融资方面存在战略缺陷，于 2018 年被列入金融行动特别工作组（Financial Action Task Force，简称 FATF）灰名单，但仅仅两年后，巴哈马就被除名，原因是该国实施了一项包括在区块链上使用其可追踪的 CBDC 在内的行动计划。

中国人民银行明确宣布，本国 CBDC 的目标之一就是在数字化的未来确保货币主权。

1944 年，来自 44 个同盟国的 730 名代表齐聚一堂，参加联合国货币金融会议（又称布雷顿森林会议），美元及其与黄金挂钩的稳定性为促进全球经济发挥过一定作用。然而，这一切都在 1971 年结束了，当时尼克松总统签署了终止美元与黄金可兑换的行政命令，实际上终结了布雷顿森林体系。

当全球寻求新的布雷顿森林体系时，以美国政府外交政策、制裁和政治影响力为基础的美元信用将不再左右全球贸易的走向。随着 CBDC 的发展，加密货币也在发展。加密货币的使用案例通常与 CBDC 的使用案例类似。CBDC 与稳定币、加密货币和传统法定货币预计将融合成具有流动性和稳定性的一篮子货币。

金钱可以改变世界，但也可以毁灭未来。它有能力影响最贫穷国家的广泛利益，也能同样迅速地摧毁变革的希望。迪伦的歌曲《没事的，妈（我只是在流血）》可能对此有最好的描述，他唱道："金钱从不开口，它们只会诅咒。"

　　如果不加限制，货币政策实施就会变成一个让人头疼的问题，因此各国政府和中央银行明智地使用了 CBDC，而不是将其作为金融帝国主义和殖民主义的另一条途径，这才符合人们的最大利益。

8

当我们在
元宇宙相遇
......

当今主流媒体上关于 NFT、元宇宙和加密货币的错误信息太多，且没有足够的事实信息。

特别是 NFT，由于其概念相对新，经常成为人们关注的焦点。然而，NFT 被提及时，要么是像史努比·狗狗（Snoop Dogg）这样的名人向 NFT 投入数百万美元，要么就是在单人喜剧的表演中。埃隆·马斯克以 NFT 的形式推出了一首充满科技感的单曲，并以此开始了他的音乐生涯。但这也并没有真正帮助大众更加认真地了解或学习这项技术。

NFT 的价格暴涨暴跌，使人们被骗了数百万美元，但 NFT 仍然有一个永恒不灭的粉丝群，如自称为"猿"的德根[①]，或对新的 NFT 产品疯狂，并帮助炒作特定项目的人。普通公众想知道，为什么这些人花这么多钱购买猿类或朋克的照片，并将它们用作个人的头像。如果它们与实体艺术一样有价值，就应该保密，以免被陌生人复制。

---

① 德根（degens）是一个加密货币专用术语，指的是那些贪婪冒险、永不满足的交易者，他们愿意在几乎没有时间积累声誉、晦涩难懂的代币上进行豪赌。——译者注

被吹捧为虚拟现实（发展）下一阶段的元宇宙也经常成为笑柄。这是因为大公司的视频演示过于卡通化且缺乏吸引力，而且动画制作原始，预算有限。

最典型的例子就是，Meta 的元宇宙介绍视频很好地让所有人对元宇宙望而却步，或者正如一位推特用户所说："马克·扎克伯格的元宇宙看起来比 1996 年发布的游戏《雷神之锤》[①] 更加糟糕。"3D 虚拟世界主要是游戏行业的领域，因此，其他试图宣传其新元宇宙战略的公司往往会遭到嘲笑。

尽管遭到嘲笑，但脸书仍更名为 Meta 并重塑品牌。此外，据报道，该公司投资了 100 亿美元来拥抱社交媒体的未来并欲在元宇宙中颠覆经济，这反映了该公司在这一领域看到的机遇。相信这一未来的不仅是 Meta，银行也看好这一前景。

摩根大通预计，到 2040 年，Web3 元宇宙经济的年产值将高达 1 万亿美元，而高盛研究部预计，到 2025 年全球虚拟现实（VR）与增强现实（AR）市场规模将达到 800 亿美元，并会改变诸如房地产、医疗保健和教育等行业。

摩根大通是第一家投资虚拟房地产的大型银行。它的虚拟休息室名为 Onyx，以其基于以太坊的服务平台命名。这个虚拟休息室位于 Decentraland 的 Metajuku 购物中心，迎接游客的是一只四处漫步的老虎和摩根大通首席执行官杰米·戴蒙（Jamie Dimon）的数字肖像。

[①] 《雷神之锤》（Quake）是由 id Software 开发的一款射击类电脑客户端游戏，共推出 4 代，1996 年 5 月 31 日发布的是此系列的第一款游戏。——译者注

图 8.1

来源：摩根大通集团。

这家银行业巨头相信，每一个有影响力的个人或公司都将很快在元宇宙中建立自己的身份。该银行的一份报告称："元宇宙可能会在未来几年以某种方式渗透到各个领域，其市场机会估值为超过 1 万亿美元年收入。因此，我们看到各种类型和规模的公司都在以不同的方式进入元宇宙，包括沃尔玛、耐克、盖璞、威瑞森、葫芦网、普华永道、阿迪达斯、雅达利等家喻户晓的公司。"

2020 年一个里程碑事件是，特拉维斯·斯科特（Travis Scott）在游戏《堡垒之夜》① 中举办了一场虚拟演唱会，这场演唱会为其带来了 2000 万美元的收入，其中包括销售额和商品收入。相比之下，根据《福布斯》的数据，这位美国说唱歌手从 2018 年到 2019 年长达 4 个月、共 56 站的 "Astroworld" 巡回演唱会带来了约 5350 万美元的收入，平均每场演出收入不到 100 万美元。此次约有 4500 万人观看了他的线上演唱会，这让在现实世界中举办的演唱会相形见绌，因为

---

① 《堡垒之夜》是一款第三人称射击游戏，因特殊的玩法与各种联动彩蛋而在国外有着极高的知名度，已成为现象级游戏。——译者注

现实世界中的演唱会有明显的组织管理限制。这只是未来发展的冰山一角。

虚拟世界也有望创造更多的就业机会。有报告估计，消费者每年在数字资产上的支出已达到 540 亿美元，其中大部分资金（410 亿美元）用在了 NFT 上。

随着 AR 技术的发展，预计 2022 年消费者在数字资产上的支出将超过 10 亿美元。到 2027 年，由于品牌推广和沉浸式广告体验，元宇宙的广告市场规模将达到 184.1 亿美元。根据皮尤研究中心[①] 和埃隆大学互联网想象中心的数据，目前至少有 54% 的商业领袖和科技企业家相信，到 2040 年，元宇宙将发展成为全球 10 亿或更多人日常生活中完全沉浸式的、人工智能（AI）辅助的一个方面。

然而，这些都只是预测。正如华尔街巨头的报告中所说，即使是摩根大通也不能 100% 确定。"在这样一个以爆炸式增长和新进入者不断创新为特征的动态空间中，很难建立一项商业战略。"然而，正如该报告所指出的，早期参与构建内部知识产权、用例以及确定合作伙伴和协作者的成本和风险都很低。报告表示："面对被甩在后面的不对称风险，采取增量投资的策略值得一试。"

那么，元宇宙到底是怎么回事？除了糟糕的企业展示，我们在虚拟现实的未来真正关注的是什么？

NFT、元宇宙和加密货币是三种不同的事物，它们最终将在新的数字经济中相互依存，但在这一切发生之前，游戏领域将发生一场革命。

---

① 皮尤研究中心是美国的一家独立性民调机构，总部设于华盛顿。该中心针对那些影响美国乃至世界的问题、态度与潮流提供相关信息资料。——译者注

"无聊猿"星球之外

目前新闻中突出报道的大多数 NFT 都是静态 NFT，通常是头像（PFP）、1∶1 数字艺术或生成艺术。

它们对另类艺术赞助人起着重要作用。对艺术家的赞助或经济支持至关重要，因为没有它，新艺术家就会挨饿。

完美艺术（如果有这种东西，因为艺术不可能是完美的）所需的时间远远超过艺术品的售价。过去，赞助被视为投资艺术家的一种方式。在艺术家成名之前购买画作，这是对他们的支持，作为回报，当艺术家取得成功时，艺术品就会增值。

然而，在艺术世界，赞助的问题在于它仍由为艺术界定调的精英所控制，而娱乐圈则被唱片公司、媒体、企业集团甚至政府所控制。娱乐圈的把控者把数百万美元投入所选择的某些流行明星和艺术家的职业生涯中，并期望获得投资回报，或者至少以赞助人认为合适的方式影响粉丝。如今的 K-pop[①] 产业就是政府资助的结果。

NFT 艺术场景的出现催生了一个新的艺术家市场，让他们从去中心化的赞助形式中获益。新老艺术家利用这一创新创造了有趣的新艺术，如可以随着季节变化而演变的艺术品，艺术家们也将艺术与现实世界的体验结合在一起，如带有稀有赠品的音乐专辑，这些赠品包括商品和进入音乐会的特别通道。这些都具有独特性，即每个 NFT 都携带不可复制的编码，该编码由区块链上的智能合约进行验证，提供所有权验证，而且以限量供应推动其价值上升。

社会运动中的艺术作品也因被铸成 NFT 而受益。在政治方面，

---

① K-pop，也被称为韩国流行音乐，近年来已成为一种全球现象。朗朗上口的节拍、同步的舞蹈动作和丰富多彩的音乐视频俘获了全世界千百万人的心。——译者注

比较激进的艺术家能够利用 NFT 筹集资金，伊朗女艺术家为反对起诉本国妇女而斗争就证明了这一点。

2022 年，俄罗斯激进艺术摇滚乐队 Pussy Riot 联合创始人娜德雅·托洛科妮科娃（Nadya Tolokonnikova）宣布推出 UnicornDAO[①]，这是一个"旨在解决 Web3 中父权制问题的女权主义运动"，计划只投资 Web3 中的女性、非二元制和 LGBTQ+ 艺术家，并为被代表性不充分的艺术家提供金融工具、援助和教育。在创立 UnicornDAO 之前，娜德雅还与他人共同创立了 UkraineDAO[②]，该项目通过出售描绘乌克兰国旗的 NFT，在短短五天内就筹集了 675 万美元的以太坊资金。

然而，就像加密货币一样，快速买卖 NFT 获取利润往往是大家关注的焦点。无聊猿游艇俱乐部[③]（Bored Ape Yacht Club，简称 BAYC）和加密猫[④]（CryptoKitties）就是两个从炒作中获益匪浅的 NFT 项目。同样，就像区块链技术本应成为我们好奇心的焦点，却被当作满足贪婪者快速投资需求的副产品一样，NFT 也遭遇了类似的命运。在这两个例子中，项目的创新性因其产品价值的上升而被忽视。

BAYC 和 CryptoKitties 的值得关注之处并不在于一大群名人在社交媒体上炫耀他们的卡通猿——要说真有什么需要注意的新闻的话，

---

① UnicornDAO 是一个去中心化自治组织，自称为"一个由 Web3 原生者组成的女权运动"，他们使用基于 Web3 的工具，在 Web3 空间创造急需的平等。——译者注

② UkraineDAO 是一个民间去中心化自治组织，旨在通过推出 NFT 为人道救济募款。通过筹集资金，向乌克兰民间组织捐款，帮助那些遭受战争之苦的人。——译者注

③ 无聊猿游艇俱乐部是在以太坊区块链上构建的一款 NFT 藏品，它由 10 000 只唯一的 NFT 猿猴组成，每只猿猴具有不同特征和属性。——译者注

④ 加密猫是 2017 年上线的区块链游戏，初始发行了 50 000 个加密猫 NFT，也就是初代猫，玩家购买 NFT 后，可以让初代猫繁育后代，产生属性各异的小猫。——译者注

赛斯·格林①（Seth Green）的无聊猿 NFT 因网络钓鱼诈骗而丢失，让人们对该领域的安全性产生更多怀疑。

这些 NFT 具有成倍增值能力，且每个新诞生的 NFT 都像原始 NFT 一样独一无二且不可复制，这为 NFT 之间互动和升值的潜力提供了更多可能性。在元宇宙的游戏环境中，这些可倍增的 NFT 可以融入游戏中，为玩家提供无穷无尽的游戏场景，让玩家通过自己的努力获得回报。

图 8.2

来源：OpenSea。
图片说明：无聊猿 #8817。

无聊猿 #8817 是目前该系列中价格最高的 NFT，价格超过 340 万美元（撰写本文时价值 2081.73 ETH）；变异猿 #4849 是 BAYC 原始系列中的变异 NFT，目前售价超过 80 万美元（489.82 ETH），因为它是该系列中最稀有的作品之一，就像棒球卡系列中的稀有交易卡比普通卡价值更高一样。

_____

① 赛斯·格林出生于美国费城，是美国男演员、导演、编剧、制片人。——译者注

无聊猿的价格仍然无法与有史以来最昂贵的 NFT 相比——数字艺术家 Pak 的一件名叫 "The Merge" 的作品。该作品于 2021 年 12 月在 NFT 市场 Nifty Gateway[①] 上以 9180 万美元的价格售出。这个惊人的数字来自约 3 万名收藏者，他们总共购买了超过 266 445 个 NFT 单位，当持有者的钱包里有多个 "The Merge" NFT 时，这些 NFT 可以合并在一起。

传统机构也一直在利用 NFT 将其现有资产代币化。NBA 顶级投篮是由美国职业篮球联赛（National Basketball Association，简称 NBA）和 Dapper Labs 联合推出的一个 NFT 项目，展示了篮球联赛中的一些精彩片段。然而，作为一种静态 NFT，它并不像拉梅洛·鲍尔（LaMelo Ball）的动态 NFT 项目那样令人印象深刻，后者的价值与篮球运动员的统计数据息息相关。

NFT 已经渗透到现代流行文化中，以至于拥有者经常在社交媒体上使用他们的 NFT 作为个人头像，或者至少会发布购买它们的帖子，而被广泛用作头像的 NFT 甚至有自己的名称，即 PFP。

这在一定程度上是为了炫耀，因为所有者确实拥有一些在技术上无法复制的独一无二的东西。截图不是原件，不会变异成其他 NFT，也无法转售。

然而，它能从纯粹的自我陶醉中走出来吗？

正如赛斯·格林失去其 NFT 的例子一样，并非所有 NFT 的安全性都是充分的，但那些采用最佳技术实践的 NFT 都有内置的安全功能——在购买 NFT 的交易所报告失窃通常可以让合法拥有者将 NFT 转为无效状态，使其对偷窃者毫无用处。此外，法律禁止出售包括数

---

① Nifty Gateway 是由 Duncan 和 Griffin Cock Foster 兄弟于 2018 年共同创立的 NFT 交易平台，以太坊为基础，可以用于购买和管理 NFT。——译者注

字资产在内的被盗物品。

如今，加密货币市场在很大程度上仍然是狂野西部①，没有什么是完美的，但目标是不变的：有朝一日，NFT 将作为元宇宙中的化身，成为在线上代表我们的一种安全方式。到那时，它们将像那些值得关注和信任的社交媒体账户上令人垂涎的蓝色标记一样有价值。NFT 甚至会成为一个人参与 Barter2.0 时随身携带的部分凭证。

至少就目前而言，正是格林的无聊猿 NFT 所附带的 IP（知识产权）让他支付 30 万美元，从一个在交易所买后谨慎转售的人手中买回了该 NFT。NFT 并不总是具有知识产权，但在无聊猿的例子中，它们却具有知识产权。格林曾计划将他的 NFT 改编成一部动画真人秀的主角，讲述一只名叫弗雷德·西米安（Fred Simian）的调酒猴子的故事。

然而，当代币被盗后，现有的版权法意味着这位《恶搞之家》明星失去了对这个猿猴角色进行商业化的权利。

显然，NFT 在迈出下一步之前，需要加强安全和市场监管，但一些有影响力的人、公司和政府已经在研究 NFT 如何扩大其品牌的在线影响力，并取代投票等传统系统。

未来的选举很可能会使用 NFT 作为选票进行。政客们目前正在铸造包含他们视频的 NFT，以吸引年轻选民并加强支持者们与他们的候选人之间的互动。支持者们认为这更划算，他们通常会在集会上无偿捐款，而这个可能会升值的 NFT 可以作为他们捐款的回报。

由于投票舞弊的指控不断，政府希望恢复公众对投票系统的信心，人们也要求行使投票权的过程能够更加便捷。如果不需要舟车劳顿地去投票，就会有更多的人能够参与民主过程，执政者也无须使用

---

① 狂野西部指 19 世纪美国西部地区，特指那些充满冒险、危机的地方。——译者注

武力阻止某些人群进行投票。

多元化社区（甚至是与 NFT 密切相关并支持它的 DAO）共同创建出很多社区。在这些社区中，人们相互信任，并形成正反馈循环，从而推动项目、想法和议题向前发展。

当世界发生多元碰撞、融合、创新时……

毫无疑问，许多不法分子试图通过诈骗或噱头从中获利的事实，加剧了对 NFT 的炒作。

2022 年，墨西哥富豪马丁·莫巴拉克（Martin Mobarak）在艺术品《阴险幻想曲》的 NFT 发布会上，当着现场观众的面，用一杯马提尼酒烧毁了一幅弗里达·卡罗（Frida Kahlo）的价值 1000 万美元的珍奇画作，震惊了艺术界和整个国家。

莫巴拉克为自己惊人的傲慢行为辩护，声称卡罗这幅被墨西哥视为文化瑰宝的《阴险幻想曲》的 10 000 份独一无二的 NFT 副本的收益将用于慈善公益事业，包括流向艺术宫和弗里达·卡罗博物馆。

如果莫巴拉克真的想为社会做出贡献，他本可以将 NFT 与原始实体艺术品的所有权以一定比例挂钩，并融入更多功能，使 NFT 持有者能够与数字艺术世界和现实世界互动，甚至可以为他们提供参加画廊开幕的专属通道，从而使艺术家的基金会受益。相反，他所做的只是销毁价值连城的艺术品，以保证自己公司铸造的 10 000 件复制品的市场需求。

你可以把莫巴拉克的举动看作一个商人自私自利行为，毕竟他是一个大富豪，自然会关心利益。然而，个别国际知名的艺术家也加入了这一行列。

就在弗里达·卡罗画作被烧毁的一个月前，英国艺术家达米恩·赫斯特（Damien Hirst）告诉购买其最新系列作品的买家，可以选择保留实体艺术品或代表该作品的 NFT。之后，他会为选择 NFT 的买家焚烧实体作品。当被问及焚烧作品的感受时，赫斯特说："感觉很好，比预想要好。"

据估计，赫斯特焚烧的作品总价值近 1000 万英镑。这是赫斯特的第一个 NFT 系列。这个 NFT 项目被称为"货币"，10 000 枚 NFT 与 10 000 件独一无二的实体艺术品相对应，且每个以 1800 英镑的价格售出。约 5149 名买家购买了实体艺术品，4851 名买家选择了相应的 NFT。

像莫巴拉克和赫斯特这样制造噱头的荒谬行为，需要通过事实、使用案例和重申 DeFi 的愿景是创建包容性去中心化 Web3 数字经济来反击。

使用案例即用例尤为重要。我们拥有的使用案例越多，能够创造的价值和信任就越多。NFT 从此时此刻起如何发展尤为重要——动态 NFT 是未来的发展方向。

动态 NFT 在技术上被认为优于静态 NFT，动态 NFT 更加灵活，并通过将数字资产与现实世界连接起来扩展了 NFT 的可能用例。

在静态 NFT 中，元数据不会改变。然而，动态 NFT 允许使用智能合约更改元数据。这使得数字资产在与现实世界的数据交互时，能够以前所未有的方式发展。

在铸造阶段配置的智能合约将决定动态 NFT 的演变规则。现实世界的数据也是影响 NFT 变化的一个因素。在现实世界事件和数字合约之间提供连接的预言机，现在已经成为智能合约的一个常见功能。这意味着可以访问来自网络 API 和物联网数据等来源的链下数据，从而影响动态 NFT 的发展。

虽然游戏世界已经有了可以在各自平台上更新或提升等级的数字资产，但目前游戏与现实世界之间还没有可移植性。借助动态 NFT 和 AR 技术，游戏玩家在现实生活中所做的事情可能会影响他们在游戏中的数字资产，而艺术品 NFT 可能会随着天气的变化而变化。

目前，与现实世界中的人物相关联的动态 NFT 用例正在涌现，这些人物已经在利用自己的成绩和名气来决定自己的财富排名，音乐家、娱乐明星和运动员就是其中的一些人。

让我们仔细看看当今的一些动态 NFT 用例。

拉梅洛·鲍尔的 NFT 是开创性的动态 NFT 项目之一。这个 NFT 项目的与众不同之处在于，NBA 年度最佳新秀的 NFT 与他的数据息息相关。这意味着鲍尔在 NBA 的职业生涯进步越大，他的新秀 NFT 就越有价值。

作为数字收藏品，NFT 会根据鲍尔在现实世界中的表现不断升级和发展。当他获 2020—2021 赛季 NBA 年度最佳新秀时，NFT 的颜色变成金色，他手中的土星也变成了太阳，见图 8.3。

图 8.3

来源：NFT Stats https://www.nft-stats.com/collection/lamelo-ball-collectibles

迈克·泰森（Mike Tyson）正在创建自己的游戏元宇宙——一个由战争游戏、育碧、暴雪和皮克斯等公司的前设计师打造的外星世界。游戏的部分传说围绕着泰森最喜欢的动物鸽子展开，鸽子被表示为动态NFT，元宇宙用户可以在基于交易卡游戏《最终形态》构建的Web3中使用这些NFT进行游戏。大约有10 000枚名为Iron Pigeons的交易卡状的NFT，以免费铸造的方式提供给用户。

在边玩边赚[①]（play-to-earn，简称P2E）游戏中，区块链技术的一部分——Chainlink可验证随机性函数（Verifiable Randomness Function，简称VFR），允许随机分配特征和游戏中的物品，来确定数字资产的稀有性。它建立在链上，因此随机结果是可验证的，并且不会受到操纵控制的影响。BAYC和CryptoKitties展示的只是一个开端，游戏将摆脱垂直轴，跨游戏、跨平台的玩法将成为常态。

DJ史蒂夫·青木（Steve Aoki）表示，他在NFT上赚的钱比从音乐赚的钱多。他推出了自己的藏品系列NFT，其中包括即将推出的定格剧集系列 Dominion X 中的特写片段。使用Ether Cards的可交互动态NFT技术，粉丝们可以在电视或流媒体平台首播之前就拥有该剧集的一段实体和数字节目。此外，这位NFT投资人还计划使用动态NFT与粉丝建立联系。青木说："我认为，NFT发展的合理方向是通过将现实世界的实用功能附加到NFT上，促进创作者和粉丝之间更深层次的互动体验。"

上述三个例子都使用Ether Cards为NFT赋予了生命。

Ether Cards是领先的NFT游戏化和货币化平台之一，它将现实世界的实用性与数字世界联系起来，允许青木、泰森、鲍尔和NBA

---

① 边玩边赚是在区块链生态中逐渐兴起的一种新的游戏模式。玩家通过参与游戏，获得游戏中的加密资产和NFT，进而通过出售兑换它们以获取利润。——译者注

等能够以互动的方式与其粉丝群体建立联系，同时开辟新的货币化渠道。

如今，NFT 占据了数字资产市场的绝大部分份额，所有 NFT 成为动态 NFT 只是时间问题，但要实现这一点，元宇宙必须得到进一步发展，必须构建出更多 NFT 用例。游戏行业是实现这一目标的最佳场景。

动态 NFT 可以以皮肤的形式出现，皮肤会随着玩家的状况而进化，武器升级的结果会在玩家提高属性值后变得更好，任何能够脱离电子钱包并进入元宇宙的事物都有可能在未来成为 NFT。只要游戏构建在同一个区块链上，可移植性就能得到保证。在这方面，游戏将会不断发展，以便资产可以在不同游戏之间转移。

游戏考验玩家的技能，如果资产能为玩家带来优势，那么 NFT 的价值就会增加。NFT 可以在赢者通吃的战利品比赛中进行质押，或者在更正式的竞争环境中进行质押。在价值高达数十亿美元的电子竞技产业之外，还可能会出现一种新的游戏经济，其中玩家可以将他们的数字资产和游戏时间商品化。

一旦元宇宙游戏成为常态，电子竞技奖杯将以 NFT 的形式出现，具有一定价值，并可作为一种众包形式用于未来的联赛。在 Web3 经济中作为凭证使用的声誉代币也可能是由去中心化社区成员授予的特殊 NFT，用于监督行为并鼓励更多合乎道德的游戏参与。

加密货币只能作为一种货币存在于受监管的交易所，因此 NFT 被视为区块链驱动的消费品。这些产品无论是仍然在数字商场的数字货架上销售，还是已经购买并准备在数字家庭中展示和使用，都需要一个称为"home"的空间。

这就把我们带到了未来所有市场、公司、银行、政府和人们进行互动和经济活动的地方——元宇宙。

一个有意义的地方

不管你信不信，美国5—12岁人群中最受欢迎的游戏并不是某一款特定的游戏，而是一个游戏平台，提供数千款由用户自己制作的各种类型游戏。

Roblox是由罗布乐思公司开发的一个在线游戏平台和游戏创作系统（见图8.4），允许用户编写游戏，也可以玩其他用户创建的游戏。尽管创建Roblox账户完全免费，但它仍然可以带来巨额利润。该游戏在游戏内支出方面击败了英国的《堡垒之夜》，并且Roblox所属的公司最近开始在纽约证券交易所上市，估值达到惊人的450亿美元。

图8.4

来源：罗布乐思公司。

游戏中使用的货币是Robux，玩家可以通过现实世界货币购买Robux。游戏开发者根据玩家在其虚拟世界中花费的时间以及用户购买游戏内产品的情况，可以从高级用户那里获得一定比例的订购费，任何人都可以直接从平台上的游戏中购买衣服来装扮自己的虚拟形象，但只有高级会员用户才能出售这些衣服。如果一件物品是限量版，则只能在具有 Roblox 高级会员资格的用户之间进行交易或出售。该平台上收入最高的游戏创作者每年通过销售游戏内物品赚取的收入超过 10 万美元。

该平台于 2006 年发布，支持用户使用编程语言 Lua 开发游戏。Roblox 一直不温不火，直到 21 世纪 10 年代的后半期，投资者开始注意到它的潜力。2020 年，由于新冠疫情大流行，全球封锁，该游戏平台的人气急剧上升。

从 Xbox[①] 到手机再到笔记本电脑，用户可以在各种设备终端上随时随地玩 Roblox 游戏。该平台有超过 3260 万的日活跃用户，其中来自 180 个国家的 800 万活跃创作者和开发者在创建游戏。平台上的许多创作者已将自己的爱好变成一份全职工作，据估计，开发者社区 2020 年的收入约为 2.5 亿美元。

在这个初级元宇宙中，游戏创作者的绝对数量，以及其用于创建游戏的友好用户界面，都预示着即将发生的事情。

手机游戏、可穿戴 VR、AR、电子竞技、在线多人游戏、云游戏以及不断增长的粉丝群体确保了游戏行业的持续增长。玩家习惯于付费升级自己的角色和定制皮肤，使自己的外观看起来独一无二，因此采用数字资产或 NFT 来完善元宇宙游戏中的游戏体验是不可避免的。

全球千百万游戏玩家代表着市场的多个方面。他们是基于供需关系的游戏内货币和其他数字资产的完美测试对象和最大潜在采用者。

---

① Xbox 是由美国微软公司开发并于 2001 年发售的一款家用电视游戏机。——译者注

这种情况在 Web2 时就发生过，数字资产从虾皮（Shopee）[①]等在线市场上的游戏平台上售出，采用简单的账户转移方式，但这种方式存在很高的欺诈风险。

游戏经济即将进入下一个阶段，它将转变为一个允许数字资产与现实世界资产进行交易的市场。我升级后的独一无二的《使命召唤》狙击步枪，也许可以用来换取你具有呼出功能的苹果手机？目前受到贸易禁运严厉制裁的国家的游戏玩家将会抓住这个机会。

即使数字资产不是游戏玩家通过购买所得，而是通过玩游戏获得（如游戏玩家完成某些任务或支线任务获得了数字资产），基于功绩的游戏物品仍然可以出售。毕竟，时间相当于金钱，而这正是所有游戏玩家所投入的。这对于认真的游戏玩家来说更具竞争力和奖励性，同时对新手来说也更具有包容性。有竞争力的游戏玩家将看到获得冠军之外的经济机会，从而导致游戏内企业家型游戏玩家的诞生，与此同时，传统商家也会进入元宇宙市场。

开放世界游戏是元宇宙视觉效果的生动体现。迄今为止，这些游戏在过去二十多年的销量一直名列前茅。元宇宙的开放世界游戏很可能是多玩家、多服务器的，其规模要比目前玩家体验到的游戏大得多，并且通过与区块链集成，所有游戏都将与玩家的钱包相连。

玩家之间的竞争创造了数字 GDP。从此，使用案例就可以在元宇宙中调整为从交易到服务的非游戏互动。

如果目标是去中心化的 Web3，就像早期互联网在中央权力接管之前的设想一样，元宇宙的规则将由 DAO 和用户投票决定。每一次互动都将被评估和排名，发放声誉代币将成为数字公民的共同权利。

---

① 虾皮是东南亚及中国台湾地区的电商平台。——译者注

元宇宙的前景一片光明。全球各大公司都在从 Decentraland 和 The Sandbox[①] 等元宇宙开发商那里购买数字土地。

有了验证所有权的智能合约，更多在线交易将进入元宇宙，丰富我们的虚拟体验，并在全球催生全天候的数字经济。如今的游戏只是实现这一切的纽带或先驱，并且非游戏公司已经注意到其中的好处。

随着 AI 的发展与进步，它将成为我们日常生活的一部分。在公众接受元宇宙之前，企业将利用 AI 技术继续投资元宇宙。正如摩根大通的报告所指出的那样，与在一块虚拟土地上入股的好处相比，投资的成本仍然较低，在未来完全开发的 Web3 元宇宙中，这块虚拟土地展示的产品和服务能让客户惊叹不已。

2022 年第四季度，将 5G 引入马来西亚的电信公司联盟的领导者之一——明讯通信公司（Maxis），宣布推出 Maxis Centre Decentraland。这是一个虚拟的电信商店，用户在这里能够通过 3D 技术购买产品和服务，模拟如何用 5G 驱动的设备和器具改造自己的家，购买与马来西亚艺术家合作制作的可收藏的 NFT 等创新产品。

随着越来越多的大型企业和银行的加入，以及各国政府推出自己的基于区块链运行的 CBDC，元宇宙最终将覆盖世界其他地区。

客户服务可以通过非玩家角色（NPC）的形式出现，随着互动和收集的数据增多，NPC 可以更好地了解客户。这将创造更有意义的经济活动，这也正是 DeFi 运动希望实现的愿景中的一部分。

经济活动是创造交易的一系列行动，而不仅仅是交易本身，它可以是我们在交易前后所做的事情。动态 NFT 允许交易前和交易后的数据包含在这些交易中。

---

① The Sandbox 即沙盒是一个基于区块链技术的虚拟世界。它是一个去中心化平台，允许用户在完全身临其境的环境中创建、共享数字内容并从中获利。——译者注

　　有意义的经济交易发生在它们所携带的不断发展的数据具有可信任的记录时。这就是为什么从企业集团到政府，每个人都想要你的数据。有了数据，今天卖不出去的东西可以经过调整，变成明天的畅销品。数据是全球经济的新目标。

　　NFT 和加密货币只是这些数据价值的体现。一个独一无二的代码将所有权与链上的智能合约联系在一起。无论是可以用作头像的猿猴图片，还是与现实世界行为相关联的资产，你都应该知道自己在购买什么，因为它可能只是我们现在还无法识别的未来的一部分。

9

建设者与恶棍

. . . . . .

对于 DeFi 的狂热批评者来说，加密货币被视为"愚人金"，其原因不难理解。在高回报的诱惑下，投资者在没有对数字货币的风险进行事先研究的情况下，就将毕生积蓄投入加密货币，在某些情况下，甚至会血本无归。

　　"愚人金"是一个荒谬的庞氏骗局，其投资计划没有实际价值作为支撑，只是因为前景和炒作而看起来不错。"愚人金"这个在过去淘金热时期产生的古老习语，最初是指当时被误认为是贵金属的其他金属和矿物。被误认为是黄金的三大矿石是黄铁矿、黄铜矿和风化云母，它们闪闪发光，具有工业用途，但价值远不及黄金。同样，批评者在加密货币中提到的"愚人金"，是指那些用烟幕弹掩盖真实资产负债表的项目。有很多这样的项目正威胁着要摧毁 DeFi 运动在过去 15 年里辛辛苦苦建立起来的一切。

　　加密货币旨在为没有银行账户的人提供银行服务，而不是制造另一场"淘金热"，尽管在社交媒体内容驱动的信息和错误信息不断流动的今天，这似乎也是不可避免的。加密货币被精通专业知识的金融行业参与者和社交媒体网红称为"数字黄金"，他们对自己投资数百万美元或宣传推广的东西几乎一无所知。因此，想要涉足这一新领域的人，自然会感到困惑。对于不了解区块链术语或经济运行方式的普通人，还有什么好说的呢？

由于到处都是炒作和模仿，一些散户投资者在市场下跌、调整或彻底崩盘时没有做好准备。另外，当市场前景一片光明时，他们更愿意随波逐流。由于尽职调查不力，人们损失了数十亿美元，房屋被债权人查封，生活被毁。即使人们容易上当受骗，也不应该遭受这样的损失。

公众不应该被恶棍欺骗，实际上，这些坏人只是致力于把自己伪装成创建基于价值的区块链生态系统的建设者中合法的一员。如果你认为只有无知的散户投资者才是受害者，那就再好好考虑考虑吧。

即使政府所拥有的传统金融机构和大型私人对冲基金专家都拥有分析和专业图表解读和预测能力，也未能幸免于旅鼠效应[①] 的影响。这实际上意味着，即使你没有向加密代币或项目投入一分钱，但管理你资金的一些养老基金、银行或国有金融机构已经这么做了。

Terra（LUNA）和 FTX 的垮台导致了整个加密货币行业的崩溃，这表明即使是可靠的国有资本托管机构也会犯错。然而，普通人没有大量的储备来继续交易以弥补错误买入造成的损失。对许多人来说，这将是一条不归路。

随着 LUNA 和 FTX 的崩盘成为头条新闻，我们很难忽视它们给整个行业带来的负面影响和不信任问题。这些并不是普通的 FUD（恐惧、不确定、怀疑）导致的崩盘，而是像我们之前看到的政府禁止加

[①] 旅鼠效应泛指在团体中盲目跟随的行为。——译者注

密货币或大型交易所被黑客攻击事件，例如 2014 年的 MT. Gox 事件。即使是新冠疫情大流行也没有对加密货币市场造成如此大的破坏。

2019 年，LUNA 以 1.31 美元的价格推出。在经历了惨淡的前 18 个月后，LUNA 价格开始攀升，并于 2022 年 4 月达到 119.18 美元的峰值。仅仅一个月后，LUNA 开始走下坡路。

LUNA 最初的市值约为 410 亿美元，据称在发生重大事故时 LUNA 有 35 亿美元的比特币储备作为后盾。这使该公司成为十大比特币持有者之一，但到 2022 年 5 月，LUNA 市值跌至 10 亿美元以下。

该项目相关的"稳定币"TerraUSD（UST）为将代币存储在系统中的投资者带来了 20% 的收益。与币安（Binance）一样，投资者能够质押自己拥有的加密货币并获得存款收益。这就好比传统银行会因你将钱存放在银行而向你支付利息。TerraUSD 极具吸引力的收益（远高于传统银行的现金存款利息）和 LUNA 短暂而疯狂的价格上涨吸引了许多投资者。

截至 2022 年 12 月 3 日，LUNA 的价格为 0.000182 美元，这一巨大跌幅可以用多种方法计算，其惨烈程度不亚于战争时期发生过的恶性通货膨胀情况。

LUNA 和"算法稳定币"TerraUSD 都是由设在新加坡的 Terraform Labs 公司构思的。韩国的首席执行官权道亨（Do Kwon）为 Terraform Labs 的联合创始人。LUNA 将根据供需情况被进行铸造和销毁，从而保持 UST 的稳定。

权道亨于 2019 年入选《福布斯》亚洲"30 Under 30"榜单[①]，其傲慢的社交媒体形象和对竞争对手区块链项目的不断抨击让他在业内声名狼藉。然而，他仍然能够赢得资深基金经理和领先电子商务参与者的信任，直到其公司在不到一周的时间里损失了超过 450 亿美元。

FTX 曾是全球第二大加密货币交易所，其成立和倒闭时间与 LUNA 大致相同。该公司的首席执行官萨姆·班克曼 – 弗里德（Sam Bankman–Fried，简称 SBF），被认为是乐善好施的亿万富翁，一位受欢迎的油管（YouTube）博主称他为"世界上最慷慨的亿万富翁"。他的净资产在短短两年内就达到了 260 亿美元。SBF 与杰夫·贝佐斯[②]（Jeff Bezos）等名人都有接触，贝莱德、软银集团和淡马锡等大型金融机构也投资了 FTX。在他因自信而备受赞誉（他在玩《英雄联盟》时通过电话达成了一笔数亿美元的交易）的同时，这位 30 岁的年轻人实际上正在巴哈马与一群朋友经营着交易所的业务。

这可以说是迄今为止加密货币领域最大的骗局之一，此外参与其中的还有姊妹公司阿拉米达研究[③]首席执行官卡罗琳·埃里森（Caroline Ellison）。

该公司的倒闭导致损失了约 510 亿美元。我们很有可能在不久的将来看到一部关于 FTX 的奈飞纪录片。FTX 和 LUNA 的崩盘使全球

---

① 这是由美国财经媒体福布斯发布的亚洲地区 30 位 30 岁以下商业领袖榜单。福布斯 30 岁以下杰出青年评选标准包括在各自领域有杰出表现、具备企业家精神和所取得的成绩在未来半个世纪有可能造成其领域的变化等。——译者注

② 杰夫·贝佐斯是一位企业家，创办了全球最大的网上书店亚马逊。——译者注

③ 阿拉米达研究（Alameda Research）是一家由班克曼 - 弗里德于 2017 年 9 月创立的加密货币对冲基金。该公司曾经是 FTX 交易所的主要市场做市商，也是许多 DeFi 项目和创业投资的重要参与者。然而，2022 年 FTX 遭遇了一场严重的资金危机，导致 Alameda Research 和 FTX 同时申请了破产保护。——译者注

加密货币市场损失了五千多亿美元。

自从这两家巨头倒下后，DeFi 的批评者就群起而攻之。有些人甚至指出，这次两家公司倒下的原因正是 DeFi 当初所要反对的：美国银行家肆无忌惮的行为和欺骗导致了 2007—2008 年的全球金融危机。

如果我们不能扪心自问："我是否只是在追随一群追随恶棍的人？"那么加密货币是否会恢复到 2021 年 11 月达到的高点这个问题就没必要问了。FTX 和 LUNA 是我们在继续前进之前需要吸取的教训。它们已得到了 DeFi 报应。

我们可以仔细探讨一下这两个"坏人"，以防止同样的事情再次发生。

月球漫步：Terra LUNA 的兴衰

起初的想法是创建一个由最大的电子商务平台支持的价格稳定的加密支付系统。这个想法在当时是值得探索的，但它并没有超出这个范畴：一个想法。直到投资者开始大规模涌入，揭露了该系统的缺陷，才发现这是一个巧妙隐藏的庞氏骗局。

通常，稳定币由现实世界的资产（主要是法定美元本身）提供支持，并根据其储备量设置上限或限额，但 TerraUSD（UST）不同。它是一种"算法稳定币"，以另一种名为 LUNA 的数字货币为基础，通过铸造和销毁 LUNA 来稳定 UST 的价格。

相比加密货币不可预测的波动，投资者认为稳定币是一种更安全的选择。稳定币的目标是与其挂钩的美元或其他货币保持 1∶1 的固定汇率，但事实并非总是如此，稳定币本身也会贬值，却很少有明显的差异。稳定币价格可能跌至 0.94—0.98 美元，而跌至 0.90 美元就会引发抛售压力。然而，没有一种稳定币的跌幅能与 UST 相比，它现在的价值仅为 0.019 美元左右，比最初的价格下跌了 98% 以上。

除了稳定 UST 的功能，LUNA 并没有其他存在的理由。它是伪装成系统本身的烟幕弹。它是被买卖从而为 UST 创造美元价值的小工具。这是极其不合理的，因为它没有存在的必要性。如果没有现实世界的资产支持一种数字货币（UST），那么使用另一种数字货币（LUNA）来产生这种数字货币的支持性就非常可疑。

为了给投资者造成一种 LUNA 除了作为 UST 的稳定器还有其他价值的错觉，LUNA 为投资者提供了令人垂涎的 20% 的存款收益率，这大大超过了传统银行的收益率，也吸引了许多刚开始接触加密货币的普通人。讽刺的是，他们认为这将是一个更安全的选择。凭空出现的神奇收益率很快就凌驾于成为价格稳定的电子商务货币的初衷之上。贪婪占据了上风并取得了胜利。

然而，没有人比联合创始人兼首席执行官权道亨更应该承担责任。

Terra Network 由权道亨和丹尼尔·希恩（Daniel Shin）于 2018 年 1 月推出，目标是创建一个名为 Chai 的电子商务支付应用，该应用将拥有自己的价格稳定的加密货币。他们希望与支付宝和贝宝（PayPal）[①] 等支付平台一较高下。其他加密货币的波动性使得加密货币很难被用作日常货币，因此权道亨他们的货币不得不被打上"稳定币"的标签。

最终，Terraform Labs 于 2018 年 4 月在新加坡成立，LUNA 和 UST 也随之诞生，并得到 Terra Alliance（由 15 家亚洲大型电子商务

---

① PayPal 是一个总部在美国加利福尼亚州圣荷塞市的在线支付服务商。——译者注

公司组成的联盟）的支持。

值得注意的是，他们选择了以金融产品监管严格而著称的新加坡作为总部。此举无疑使该公司看起来更加值得信赖。

然而，据内部人士向 ColdFusionTV 等加密货币相关媒体透露，权道亨是一个控制狂，他魅力十足但很自恋，并且经常训斥员工，以至于核心团队的大多数人在一两年后都愤然离开，并对他提起了法律诉讼。

从权道亨的推特中可以明显看出，他不仅喜欢批评其他区块链项目，而且在社区建设者中也不受尊重。

其他加密货币专家，如 MakerDAO 的风险管理负责人赛勒斯·尤内斯（Cyrus Younessi），在项目启动之初就表达了自己的担忧。作为 Scaler 公司的前研究分析师，他向前雇主解释了为什么 UST 和 LUNA 没有意义，并描绘了一个大约在四年后成为现实的末日场景。

然而，一年后的 2019 年 1 月，LUNA 首次代币发行（ICO），早期投资者在种子轮以每枚代币 0.18 美元的价格买入，在私募时以每枚代币 0.80 美元的价格买入。2019 年 4 月，权道亨和其他几位合著者撰写了一份名为《Terra Money》的白皮书。这一白皮书的内容非常不可信。白皮书应该总是出现在 ICO 之前。

一年后，也就是 2020 年，LUNA 在韩国的一家交易所推出了质押产品。不久之后，基于 Terra 构建的 Anchor 协议①公布，它允许投资者通过存款获得高收益，也可以通过质押持有的加密货币进行借款。

存款收益率保证为 20%。这一消息让更多的散户投资者以及大型

---

① Anchor 协议是 Terra 链上一种新型的储蓄协议，旨在通过协调来自多个不同 PoS 共识的区块链的区块奖励来平衡利率，最终实现稳定收益率的存储利率。——译者注

机构陷入了疯狂。

Terra 区块链的稳定币 UST 于当年晚些时候推出，其目标是要扩展到以太坊和 Solana 区块链上。

到 2021 年 12 月，LUNA 的价格接近顶峰，当时价格已超过 90 美元。与三年前相比，LUNA 的价值增长了 90 多倍，似乎真的成了数字黄金。

接下来的一个月，权道亨公开否认了 LUNA 上的大规模清算行为会导致算法超载，从而引起 UST 价值出现死亡螺旋的可能性。在此时，LUNA 的铸造和销毁仍然没有上限。

为了维持 UST 与美元的钉住汇率，LUNA 将继续被铸造，或者说逻辑就是如此。这种做法在小幅下跌时可行，但如果 UST 的价格跌得太低并且投资者继续抛售，新的 LUNA 代币将继续被铸造，以至于出现恶性通货膨胀。

对于比特币、以太币等普通加密货币，甚至山寨币（Altcoins）[1]来说，情况并非如此，它们会因恐慌性抛售或止损等原因而暂时崩盘。它们的供应量是固定的，这意味着流通中的币和尚未铸造的币的数量都是有限的，并且受到监管。崩盘时并不会创造或销毁这些代币，因此，当市场恢复时，这些代币也会恢复，因为它们的内在价值和技术不会改变。

有怀疑者质疑该系统如何能在支付如此高收益的同时稳定运行。为了打消他们的质疑，LUNA 基金会卫队成立了，该组织的任务是通过在市场波动的情况下建立储备来保护 UST。

---

[1]　山寨币是指以比特币、以太币等主流数字加密货币为模板，全部或部分复制主流加密数字货币的名称、设计和算法的新型数字虚拟货币。——译者注

该基金会通过出售 LUNA 代币筹集了高达 10 亿美元的资金，用于购买比特币作为 UST 的储备。其中三箭资本[①]和 Jump Crypto[②]这两家知名的交易和投资公司提供了大部分资金。

在推特上，颇具影响力的加密货币交易员阿尔戈德（Algod）称 UST 和 LUNA 是庞氏骗局，并押注 100 万美元，认为 LUNA 的价格在一年内会下降。对此权道亨回复："酷，我加入。"为支持阿尔戈德的说法，另一位网名为 GiganticRebirth 的交易员提高了赌注，押注 1000 万美元，他预测 LUNA 价格在短期内会上升，但在一年内将不复存在。权道亨同意匹配赌注。

权道亨将矛头对准了 MakerDAO 及其代币 DAI，他在推特上写道："$DAI 将在我的手中消亡。"同时，他在去中心化加密货币交易所 Curve 上发起了对去中心化稳定币的恶意收购。

向一个创建了令人满意的去中心化稳定币的知名 DAO 宣战，这让 DeFi 社区的大多数人感到不快，但稳定币阵营中已经开始出现裂痕。

权道亨的盟友和拥有自己算法稳定币的公司联合起来形成了一个流动性的"卡特尔"。他们谈到像 DAI（由 ETH 和 USDC 作为储备支持）这样的超额抵押稳定币如何在交易所搭便车，因为它们没有给投资者带来可以与抵押不足的稳定币竞争的收益。

LUNA 基金会卫队据称获得了 35 亿美元的比特币储备，成为全

[①] 三箭资本由 Su Zhu 和 Kyle Davies 在 2012 年创立，是加密货币市场最大的对冲基金之一，也曾是币圈诸多对冲基金之中的"顶流"，其资产管理规模曾一度达到 100 亿美元。2022 年，三箭资本已提交破产申请。——译者注

[②] Jump Trading 成立于 1999 年，总部在美国芝加哥。2021 年，Jump Trading 宣布组建加密投资部门 Jump Crypto，计划投资加密货币领域，主要投资于 DeFi、Web3、区块链和金融应用。——译者注

球十大比特币持有者之一。有一段时间，UST 和 LUNA 似乎将成为市场上占主导地位的稳定币。

尽管社区有人发出了明显的危险警告，但该项目还是募集到了更多资金，投资者也很高兴，当 LUNA 的价格在 2022 年 4 月 5 日创下 119.2 美元的历史新高时，他们就像在月球上漫步。

UST 成为第三大稳定币，而 Terra 的市值位居行业第四。随着更多的 LUNA 代币被销毁以满足 UST 的需求，LUNA 的流通供应量变为 3.46 亿枚，达到历史最低水平。

由于权道亨希望以 20% 的固定收益率来吸引投资者，而不是根据市场情况支付可变的百分比，因此他的公司每天都要支付约 700 万美元。而且投资者还可以随时取款。

大规模提现的风险和高收益因素，是其被利用和出现灾难的根源。

LUNA 的狂热支持者自称为 LUNATICS，他们忽视了乔治·索罗斯 [①]（George Soros）式攻击的简单可能性。作为 DeFi 社区的一员，LUNATICS 并没有停下来思考并增加更多的自我监管，而只是想让权道亨为他们赚更多的钱。

在一次采访中，当被问及如何看待自己的竞争对手时，权道亨认为 95% 的竞争对手都会死亡，并补充道："看着公司死去也是一种娱乐。"

然后，崩盘事件发生了。

披露的文件显示，权道亨在 UST 和 LUNA 倒闭前几天申请解散

---

① 乔治·索罗斯是慈善家、货币投机家、股票投资者。索罗斯以做空出名，其手段也基本如出一辙，即先积累弹药，然后造势或通过市场操作让目标资产价格大跌，随后通过抛售空单或抄底获利。——译者注

Terraform Labs，这引起了一些投资者的警觉，但并非所有投资者。

大量抛售使 UST 的价格跌至 0.985 美元。这并不像以前其他稳定币那样大幅下跌，也促使了权道亨拿这个"小事件"开玩笑。

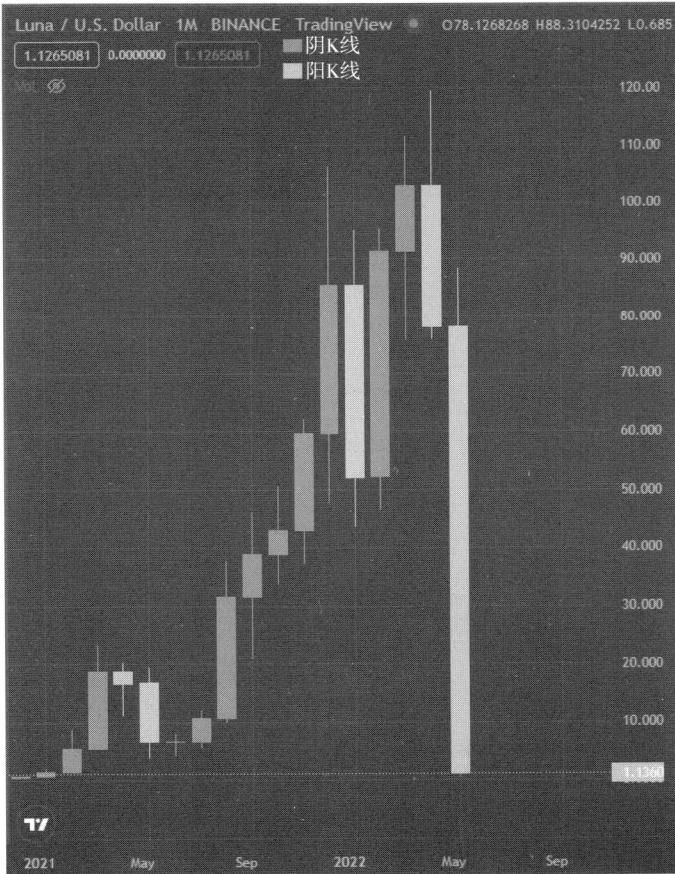

图 9.1

来源：Coindesk https://www.coindesk.com/layer2/2022/05/11/the-luna-and-ust-crash-explained-in-5-charts/

自 2022 年 5 月 9 日起，UST 呈螺旋式下降。当价格达到 0.92 美元时，媒体开始关注。随后发生了一系列大规模提现，导致 40 亿美元被抛售。尽管该公司拥有比特币储备，但 UST 与美元 1∶1 的钉住汇率显然已经失败。

LUNA 基金会卫队宣布提供 15 亿美元贷款来挽救僵局，但总体而言，随着价格跌破 0.50 美元，抛售压力依然存在。与此同时，LUNA 急剧膨胀，价格进一步暴跌。

权道亨在推特上说："部署更多资本——稳住，小伙子们。"5 月 11 日，尽管几天前价格还有所下跌，但半数以上的交易者相信了他的话，买入了 LUNA。

第二天即 5 月 12 日，LUNA 的价格下跌了 96%。

为了挽救这一局面，LUNA 基金会卫队几乎耗尽了所有的资源，短短几天内，总计约 80 000 枚比特币的储备已减少至 313 枚比特币。

在美国，监管机构要求权道亨对崩盘事件给出解释。一位政治家甚至将 UST 称为现代金字塔骗局。

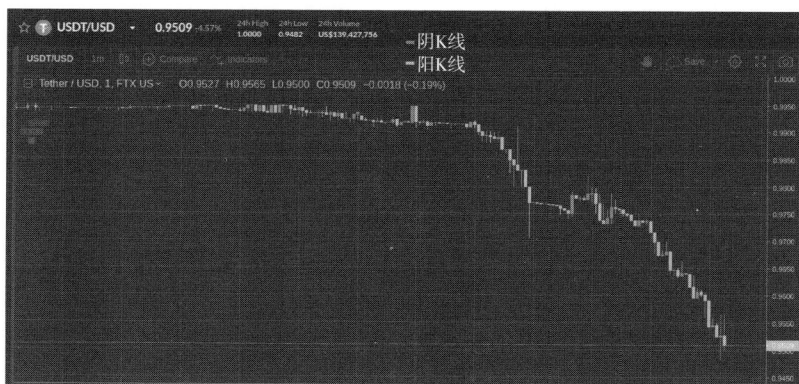

图9.2

来源：Coindesk https://www.coindesk.com/layer2/2022/05/11/the-luna-and-ust-crash-explained-in-5-charts/

有人为 Terraform Labs 辩护说，没有迹象表明权道亨存在欺诈行为。然而，这并不能否认他知道 Terra 生态系统无法维持其经历的快速增长并且容易受到攻击的事实。

相反，权道亨也被贪婪所驱使，为了让自己的项目发展壮大而对天发誓。看起来他并没有吸取教训。

同一个月的晚些时候，随着 UST（现价值约 0.02 美元）和 LUNA（现每枚代币仅 0.0001972 美元）的崩盘，一项硬分叉提案被通过，Terra 更名为 Terra Classic（LUNC），并在第二个区块链上推出新的 Terra（LUNA）。

然而，2022 年 10 月，权道亨开始面临法律的制裁。作为一名韩国公民，该国当局希望与他谈谈。

据传他目前在迪拜，韩国当局正在对他和他的公司进行多项指控调查，罪名包括欺诈和违反《资本市场法》，此前他的项目失败，导致加密货币市值损失 600 亿美元。

首尔南区检察官办公室对权道亨签发了逮捕令并将其护照作废，随后要求国际刑警组织对权道亨发出红色通缉令，而国际刑警组织也通过了这一决定。现在，红色通缉令允许全球执法部门找到并逮捕他。

从科技企业家到国际罪犯，权道亨的日子可能不多了。

一群孩子如何创造和摧毁 FTX

如果奈飞有机会参与一些涉及加密世界的现实生活戏剧项目，那么这部纪录片将从一个人开始，他就是 SBF。

他是 FTX 的首席执行官，FTX 是仅次于币安的全球第二大加密货币交易所。SBF 在其短暂的职业生涯中一度被称为"最慷慨的亿万富翁"，但当他在一个周末损失了数十亿美元后，一切都化为乌有。

SBF 出生于一个政治人脉广泛的家庭。他的父亲是一位法学教授，后来帮助他为公司筹集了资金。

从麻省理工学院毕业后，SBF 加入了纽约交易公司简街资本 [①]，在那里他结识了 FTX 未来的成员。SBF 发现了一个漏洞，他可以在美国购买加密货币并在日本以更高的价格出售，自此他开始每天转移高达 2500 万美元的资金。

他利用自己赚来的钱，与一些昔日的大学同学和简街资本的同事一起创办了阿拉米达研究公司。他建议前同事卡罗琳·埃里森在 2017 年加入阿拉米达。她后来成为公司的首席执行官，并与 SBF 发生了恋情。

显然，这是公司内部的事情。《财富》[②] 杂志的一篇报道称，阿拉米达研究公司"由巴哈马的一群孩子经营"，这个年轻群体以热衷于派对而闻名。

阿拉米达研究公司是一家加密对冲基金，负责进行交易、匹配买家和卖家，据说还可以给投资者带来回报，其承诺固定年化收益率为 15%，且无下行风险。与 LUNA 的高收益率一样，这也是一个凭空出现的神奇数字。同样，人们也买了它。

另一方面，正如 SBF 所说，FTX 的成立是因为他看到其他加密

---

① 简街资本成立于2000年，是一家美国自营交易基金，现已成为全球最大的做市商之一。——译者注

② 《财富》杂志是全球最知名的商业期刊之一，1930 年由美国人亨利·卢斯创办，主要刊登经济问题研究文章，现隶属于美国时代华纳公司旗下的出版机构时代公司。——译者注

货币交易所只迎合缺乏经验的交易者。他希望提供更多选择，例如加密货币的期货和期权交易以及实体公司的代币化证券。

阿拉米达和 FTX 均位于巴哈马，归 SBF 所有。阿拉米达研究公司随后在客户不知情或未同意的情况下收到 100 亿美元的 FTX 客户资金，这实际上是对资金的滥用，相当于欺诈。

当 SBF 成功从包括贝莱德在内的多家银行和投资公司为 FTX 筹集 20 亿美元资金时，他引起了人们的关注。根据他的主要投资者之一、风险投资公司红杉资本的一篇博客文章，SBF 与其达成 2.1 亿美元交易时，正在玩《英雄联盟》游戏。

SBF 轻而易举地为他的新创公司获得资金，这让人们对他政治相关的家庭背景产生了更多质疑。

尽管如此，当时加密货币正在兴起，SBF 的发展也很顺利。FTX 平均每天的交易额为 100 亿美元，对竞争对手币安交易所构成了威胁。

SBF 将 FTX 推向全球。在美国，该公司购买了体育场馆的冠名权。电视上还播放了由大牌明星主演的广告。这些名人的报酬是 FTX 股权。据报道，汤姆·布雷迪①（Tom Brady）将其 6.5 亿美元的财富投入 FTX 以增加自己的股权。

2022 年，美国也准备推出自己的 CBDC，政府监管机构和大型银行都支持这一想法。SBF 希望 FTX 能够成为其中的核心。

随着 FTX 成为一个家喻户晓的名字，SBF 也变得极具影响力。

---

① 汤姆·布雷迪，1977 年 8 月 3 日出生于美国加利福尼亚州圣马特奥县，美国职业美式橄榄球运动员。2021 年 6 月，FTX 与汤姆·布雷迪和巴西超模吉赛尔·邦辰（Gisele Bündchen）达成了长期合作伙伴关系，其中包括二人与公司的股权合作和用加密货币支付他们的服务。——译者注

创始人将自己的人生哲学投射到积极利他主义中，即寻找最好的自己，并为社会服务。他希望在世人面前表现得尽可能谦逊。

他选择将自己打造成一个谦逊的亿万富翁，选择驾驶一辆普通的丰田汽车，以显得更值得信赖。

这一点非常有说服力，就连国际治理游说团体也向萨姆寻求新思路。FTX 随后成为世界经济论坛的合作伙伴，并在俄乌冲突期间建立了投资基础设施，为乌克兰去中心化自治组织提供了资金。

为了获得政治影响力，FTX 做了两手准备。SBF 在 2020 年向乔·拜登捐赠了 500 万美元，并在 2022 年中期选举前向民主党政客捐赠了 5000 万美元，而 FTX 联合首席执行官瑞安·萨拉梅（Ryan Salame）向共和党政客捐赠了 2300 万美元。

然而，即使拥有 260 亿美元的净资产，SBF 仍主要靠自己经营 FTX，并拒绝组建董事会。作为阿拉米达和 FTX 的创始人，他有权在两家公司内部调动资产。

2022 年下半年，随着美联储加息以应对不断上升的通胀，风险资产大幅下跌。加密货币受到的冲击最为严重。阿拉米达开始在交易中遭受巨额损失，并试图救助其投资的公司。

SBF 认为他可以以创纪录的低价购买加密货币，但没想到储备金会用完。甚至在这之前，他就做了假账。

阿拉米达在试图拯救加密货币公司 Voyager[①] 免于破产的过程中，遭受了损失，之后萨姆从 FTX 秘密转移了至少 40 亿美元，以平衡阿拉米达的资产负债表。他转移的货币是 FTT。FTT 是 FTX 的原生

---

① Voyager 是一家由华尔街和硅谷企业家创立的公开交易加密货币平台。随着三箭资本事件的暴雷，2022 年 7 月 6 日，Voyager 宣布已正式向纽约法院申请破产保护。——译者注

代币。

FTT 是 FTX 自己集中控制、凭空制造的代币。它被出售给早期投资者，产生了用于建设 FTX 的大部分资金。

SBF 公开表示，这只是一种惯例，涉及"轮换一些 FTX 钱包"，这些钱包大多是不流通的，并补充道，"我们会定期这样做""不会产生任何影响"。

这是交易所有史以来最大规模的代币转移。人们起了疑心。从技术上讲，这些 FTX 钱包都只流向一个接收地址，那就是阿拉米达的一个钱包。

埃里森在与《华尔街日报》记者通话时承认 FTX 使用客户的资金帮助阿拉米达解决债务，她的失言让事情变得更糟。

2022 年 11 月 2 日，披露的文件显示，阿拉米达 146 亿的美元资产中大部分都是 FTT 代币。这意味着阿拉米达的金库中几乎什么都没有，并且一直在使用一种可能毫无价值的货币进行交易：一种假代币。

随着加密货币市场的下滑，FTT 代币的流动性随之下降。人们忽然间对 FTT 的兴趣不如代币价格上涨并为他们赚钱时那么大了。

在 FTX 成立之初，币安创始人兼首席执行官赵长鹏（通常被称为 CZ）以 1 亿美元购买了该公司 20% 的股份。SBF 随后以 20 亿美元回购这部分股份，并以 FTT 支付。

当 SBF 暗地里游说在美国获得类似经纪商的交易牌照，CZ 与 SBF 的关系开始恶化，游说将使 FTX 在竞争中占据优势，币安作为最大的交易所，也是 FTX 最大的竞争对手，它遭受的损失将最大。

SBF 家族以及卡罗琳家族的政治关系开始显现。据报道，美国证券交易委员会（Securities & Exchange Commission，简称 SEC）主席加里・詹斯勒（Gary Gensler）和卡罗琳的父亲格伦・埃里森（Glenn Ellison）都曾在麻省理工学院担任教授。年长的埃里森是詹斯勒的上司。

另一封据称被泄露的电子邮件表明，美国证券交易委员会给予了 FTX 一个有条件的"无行动救济"，并在面对 FTT 被用来欺骗投资者的指控时视而不见。

在泄露文件曝光时，CZ 知道，他有能力用价值 20 亿美元的 FTT 搞垮 FTX。

11 月 6 日，在泄露文件揭露 FTT 真实面目不到一周后，CZ 发布推文称，币安将清算其账上的所有 FTT 代币。由于最近曝光的消息，币安将在公开市场上有效地大规模抛售 FTT。

SBF 继续在推特上为自己辩护："竞争对手正试图用不实谣言来攻击我们。FTX 很好。资产没有问题。"然而，在与工作人员的通信中，SBF 承认提现激增的情况正在发生，在过去 72 小时内已有 60 亿枚代币被提现。

SBF 试图保持冷静。据报道，他对工作人员说："很明显，币安正在攻击我们。就这样吧。"FTT 在接下来的两天里下跌了 80%，进一步耗尽了 FTX 的储备。

FTX 的负债为 90 亿美元，流动资产仅为 9 亿美元。这意味着他们无法支付所有提款。

为了防止他们的"纸牌屋"分崩离析，埃里森在推特上向 CZ 表示愿意买下币安持有的 FTT。"阿拉米达今天很乐意以 22 美元的价格从你这里全部买下！"

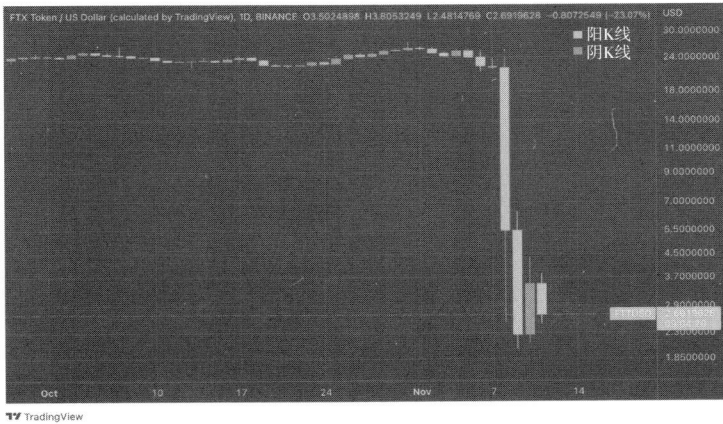

图 9.3

来源：Bloomberg https://www.bloomberg.com/opinion/articles/2022-11-11/ftx-collapse-
don-t-start-dancing-on-crypto-s-grave-just-yet

CZ 回答说："清算我们的 FTT 只是退出后的风险管理，这是从
LUNA 那里学到的经验。我们以前给予过支持，但分开后我们不会假
装关系很好……我们不会支持那些在背后游说反对其他行业参与者的
人。"

随后，SBF 致电 CZ，提出出售 FTX。CZ 同意收购 FTX "以拯
救他们"，但事实上，他是通过极低的价格收购 FTX 来巩固权力。然
而，一旦 CZ 有机会查看 FTX 的账目，这笔交易也就结束了。

所有人都低估了 FTX 负债与资产之间的差距，据说相差了 80 亿
美元。不久后，美国司法部开始调查 FTX 客户神秘流入阿拉米达的
100 亿美元资金。

由于没有流动性和资源，FTX 被迫停止提币。11 月 11 日，FTX
和阿拉米达申请破产。这一消息震惊了整个市场，三天内损失超
过 1520 亿美元。这家年初估值 320 亿美元的交易所从地球上消失

了，给整个加密货币市场留下了永久的伤疤。事情怎么会变化得如此之快？

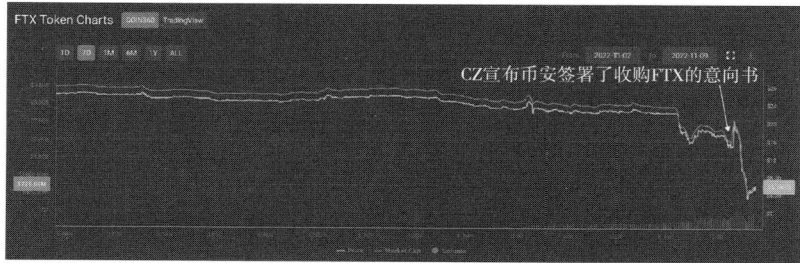

图 9.4

来源：Coindesk https://mishtalk.com/economics/crypto-crash-is-led-by-a-whopping-88-percent-plunge-in-ftx

FTX 拥有一个投资和收购的网络，主要是在 FTT 的协助下进行的。FTX 的崩盘影响了投资者对加密货币市场的整体信心，大批散户和机构投资者纷纷离开。许多以 FTT 形式获得 FTX 支持的项目也纷纷破产。

如果这还不够，那还可以再说一点，那就是人们发现转移到阿拉米达的 10 亿美元客户资金已经消失了。

随后 FTX 被黑客攻击了！

似乎糟糕的情况还没有结束，FTX 声称，黑客盗走了他们剩余的约 6 亿美元加密货币资金。尽管该平台面临法律和财务问题，但许多仍能访问该平台的客户开始注意到，他们的余额现在显示为零。

各机构的减记也接踵而至。软银集团减记了近 1 亿美元，其前首席运营官（COO）对此表示遗憾，称被 FOMO 情绪左右而投资 FTX 是失策的举动。新加坡淡马锡除了声誉受损，还减记了 2.75 亿美元。对冲基金伽罗瓦资本是少数几个在 LUNA 崩盘发生前就发现征兆的基金之一，但其一半资金仍被困在 FTX 中，而安大略教师退休金计划在崩盘期间也有 9500 万美元被困在 FTX 中。

据估计，包括 FTX 附属公司在内的集体负债为 500 亿美元。

SBF 目前被软禁在巴哈马。他曾经拥有 260 亿美元的净资产，现在却变成了负数。

美国官员目前正在与巴哈马政府进行谈判，将 SBF 引渡到美国接受审判，因此我们可能会看到正义得到伸张。至于能否找回失踪的资金，那就另当别论了。

投机，傻瓜的语言

2017 年至 2022 年的 ICO 热潮见证了许多新玩家进入加密世界。我们在欢迎新兄弟 DeFi 项目热情到来的同时，也要提防披着羊皮的狼。

讽刺的是，Terra LUNA 和 FTX 的出发点都是好的，但贪婪和傲慢却把它们带向了截然不同的方向。

稳定币有其用途，那就是为人们提供了一个避免加密货币波动的机会，而管理得当的交易所对于将加密货币推向更广阔的世界至关重要。

然而，权道亨和 SBF 最终在牛市中表现不佳，成为破坏者。很多无辜者受到伤害，甚至 DeFi 社区也出现了分裂。

这两个案例之间有很多相似之处，其中引人注目的一点是，权道亨和 SBF 都在项目中充当了中央权力机构。尽管他们以小团队的形式工作，但几乎没有民主，而且有很多恐吓手段。他们是无良的独裁者，自掘坟墓。

就像那些在 LUNA 崩溃前发出警告的交易者一样，社区需要团结起来，加强知识共享，并揭露恶棍或不良行为者。我们需要在他们启动项目并骗取更多资金之前阻止他们。我们需要让他们为损害 DeFi 的声誉而羞愧。

由于整个加密行业都是由投机价值驱动的，FTX 和 LUNA 的崩盘给我们敲响了警钟，让我们拥抱实用价值。实用价值是区分真假加密货币的关键。货币只有在使用时才会有价值。

我们越是认识到价值的真谛，就会越快得出结论：价值并不一定总是以传统货币的形式存在。支付解决方案并不一定要局限于一天工作的工资。

这就是为什么有些人更看好 DeFi 在游戏和娱乐行业的应用，而不是在金融领域。有时候，眼见为实，就像 NFT 一样，它的效用是有形的，而且可以以无数种方式扩展。

即使在市场不景气的时候，人们也总是想玩好的游戏，享受高质量的娱乐。NFT 的效用可以超越市场情绪，为以后采用加密货币开创先例。加密货币绝不应仅仅作为达到目的的手段而被创造。所有区块链项目都必须有一个使命宣言：代币不能只是用来服务或稳定另一种币。

一个区块链的使命宣言决定了它的效用。投资者应该只投资具有内在价值并将其赋予现实世界的项目。

展望未来，我们需要更多的监管和尽职调查，以实现更高的交易标准，特别是风投公司和对冲基金，因为它们可以影响市场。归根结底，受伤害最大的是那些追随大机构的散户。

对 DeFi 社区进行自我监管意味着所有人都必须发挥自己的作用，从一群恶棍中识别出真正的建设者。最大型的区块链需要尽快联合起来，组成联盟来建立监察团体和监管机构。

如果我们等待监管机构或政府介入，那就为时已晚。我们无法承受未来不良行为者可能造成的声誉损失。我们最好摆正自己的位置，相互支持，并保持警惕。

不顾后果的追求享乐之旅已经结束了，请系好你们的安全带。

请记住，并不是所有闪闪发光的东西都是金子。

10

培育者的本质：
反思 Klaytn
之旅

我一直是一个喜欢在区块链/加密货币领域建立或发展生态系统的人。很多业内朋友都说我是那种"从0到1"的人。因此，当我在2021年初受邀与Kakao①集团的一位联合创始人兼副董事长会面，讨论我是否可以加入Klaytn②（Kakao的区块链），并帮助平台实现全球化时，我非常兴奋。对于不了解Kakao的人来说，最简单的介绍就是它是韩国版的微信。超过95%的韩国人都有KakaoTalk账户。KakaoTalk是Kakao开发的第一个产品，也是第一个具有群聊功能的聊天应用程序。随后，在成功推出现有技术上的韩国国家通信应用程序后，它开始将平台业务扩展到游戏、娱乐、出行、网上银行和Web3/区块链等其他领域。

----

　　①　Kakao为韩国即时通信公司，也是一家娱乐公司，是韩国最大的上市科技公司之一，创始人是金范洙。Kakao主要业务分为平台业务和内容业务，其中内容业务囊括了游戏、音乐、故事、媒体四大业务板块。——译者注

　　②　Klaytn是Kakao旗下的Ground X团队开发的公链，其初衷是解决传统区块链技术的性能问题，实现高效稳定的商业应用。——译者注

能被邀请担任 Klaytn 全球采用负责人，我感到非常荣幸。因此，随着团队的成长和责任的扩大，我承担了全球集团负责人的职务，这是我在 2022 年 12 月离开 Klaytn 之前的最后一个正式头衔。在一年半的时间里，我投入了全部精力和心血来制定全球战略、组建团队和架构，帮助 Klaytn 从一个名不见经传的韩国本地区块链项目发展成为一个全球认可，备受开发者、投资者和合作伙伴青睐的平台。到目前为止，这是我职业生涯中接受的最大挑战，即要给一个只有韩国本土才知道的项目在国际上造势，同时将 Klaytn 的定位从以 DeFi 为中心的生态系统重塑为聚焦元宇宙、游戏和创作者经济的区块链，这是一项艰巨的任务，需要的资源要比建立和扩展一个 Layer 1 区块链所需的传统资源多得多。

那是在 2021 年 8 月至 9 月，我记得在我被要求做一次大型演讲之前，我有些焦虑，整个组织都在等待听取我对 Klaytn 新的全球计划的看法。韩国用户和 Klaytn 一般都以"DeFi"为中心，不太关注与游戏或娱乐等用例相关的"Web3"项目。这意味着曾在 Klaytn 上构建 DeFi 交易基础设施的项目比游戏或 NFT 驱动的应用更多。要让组织相信我们将进行彻底的转变，这不仅是一项艰巨的任务，而且如果不成功，也会有很大的风险。当时，Klaytn 上最大的项目之一是一个名为 Klayswap 的平台，这是一个 DeFi 应用。到我离开时，Klaytn 上除了 Klayswap，还有一个不断增长的项目，那就是一款名为 DeFi Kingdoms 的游戏。这一点很有意义，因为 DeFi Kingdoms 是一个很好的例子，它代表了全球团队领导的转型，最终吸引了美国的一个大型项目将它的游戏从竞争对手那里迁移到 Klaytn。

区块链行业中优秀项目的入驻竞争十分激烈。要将正确的资源投入项目中，并确保这些项目取得成功，需要做大量的工作。其中一个关键资源就是市场营销。当我加入 Klaytn 时，它还没有真正意义上的营销团队。我一直认为营销职能与工程职能同等重要，甚至更重要。作为一个区块链生态系统，必须能够在社交媒体、实体活动、传统媒体和其他交流平台（Telegram、Discord 等）上建立渠道，以便社区参与其中，并扩大公告的影响力。我的首要任务是在入职第一天就具备正确的营销能力，以确保创建一个适当的"回音室"，这对提高 Klaytn 的全球采用率非常必要。因此，我最早做的一件事就是说服韩国 Klaytn 公司的决策者，我们需要在新加坡而不是韩国本土进行市场营销。在他们的支持下，我开始在新加坡组建一支团队作为制定营销战略的起点，我们所涉及的营销战略有社区管理、活动管理、增长、沟通管理、思想领导力宣传和开发者关系。这些关键要素都是让 Klaytn 进入竞争市场并能够与其他大型全球区块链项目竞争的必要条件。

最后，还有一项对全球战略发展非常重要的工作，就是将 Klaytn 工程师的声音国际化。在我加入 Klaytn 之前，这些工程师的母语主要是韩语。如果我们想走向全球，就需要确保我们拥有适当水平的文化多样性，开发人员 / 工程支持人员要代表我们希望辐射的所有不同地区。因此，我创建了生态系统开发团队，它是 Klaytn 工程团队中核心开发团队的一部分。我的想法是先建立生态开发团队，然后在相关招聘工作完成和结构确定后，将团队移交给核心开发小组的负责人。对我来说，依靠我在加密货币 / 区块链领域工作 10 年与人打交道的经验来寻找合适的人承担这一关键职能是很自然的事情。一位居住在韩国的美国工程师和一位居住在英国的中国香港工程师共同推动了生态开发团队的建立。该团队将一直是 Klaytn 生态系统中的重要职能部门，为项目提供支持，领导开发人员的宣传工作，同时扩大人驻 Klaytn 项目的数量，并在全球范围内强化开发人员的意识。

在回顾我在 Klaytn 的工作经历以及对 Klaytn 作为一个组织和生态系统的影响时，我为所有与我并肩工作的人感到骄傲，他们与我一起踏上征程，并信任我能够领导他们。与 Web3 领域最有才华的一些人共事是一种荣幸，我非常幸运能够说服他们加入这段旅程。此外，我个人必须履行对 Kakao 集团副董事长的承诺，这个动机最终也成为我推动工作的关键动力，即使当时整个行业正经历熊市、多次出现动荡以及一路上会面临许多内部障碍和挑战。回顾我在 Klaytn 的时光，正是全球团队带领整个组织看到，与其他项目竞争并赢得像 DeFi Kingdoms 这样的大型全球项目是有可能的，以及从基于交易的投机性用例转向一个更多样化的基于效用性环境的做法最终是正确的。

连接所有区块链的区块链

目前，至少有上千个处于不同发展阶段的区块链项目[1]，以及超过 21 000 种加密货币[2]。无论这个数字多么鼓舞人心，我们现在所处的位置与我们应该达到的位置相去甚远。

这个行业已经经历了太多指数级的大起大落，近期 Terra（LUNA）和 FTX 的双双崩盘，拖垮了整个行业很大一部分的业务。市场波动已经导致区块链公司数量从 2018 年的 8112 家下降到 2022 年上半年

---

[1]　Earth web. 2022 年有多少个区块链？[EB/OL]. [2022-04-04]. https://earthweb.com/how-many-blockchains-are-there/

[2]　Exploding Topics. 2023 年有多少加密货币？[EB/OL]. [2022-04-04]. https://explodingtopics.com/blog/number-of-cryptocurrencies

的 492 家^①。

为了消除混乱，Klaytn 区块链应运而生。它通过提供正确的工具来构建和支持元宇宙和加密货币生态系统，从而培育和扩大市场中的新参与者。

2019 年，韩国领先的软件企业之一 Kakao 集团的子公司 Ground X，为去中心化应用（Decentralized Application，简称 dApp）和服务，包括元宇宙游戏和游戏金融（GameFi）、去中心化交易所和市场等创建了 Klaytn 区块链，提供了一个可扩展且用户友好的区块链环境。Klaytn 生态系统在这些领域总共有 167 个项目，其中包括 52 个中心化加密货币交易所（CEX）或支付协议。

Klaytn 为构建者提供了一整套工具、金融和管理支持，包括内置的 Layer 2 解决方案，如软件开发工具包（SDK）、钱包、预言机、区块链浏览器、跨链桥、DAO 和 NFT 市场。通过简化用户界面，Klaytn 允许新开发者绕过复杂的技术，推动项目顺利进行。

以太坊区块链被视为行业标准；因此，Klaytn 充分重视以太坊等效性，确保其系统与以太坊的技术栈兼容并保持一致。这样，Klaytn 区块链就能从以太坊的进步中获益。

作为以太坊虚拟机^②（Ethereum Virtual Machine，简称 EVM）Layer 1 区块链，Klaytn 的设计实用且可靠，不仅关注技术和业务，还关注可以在 Web3 时代创造公众可访问和急需的信任层的革命性变

---

① 环球电讯社.2022年全球新成立区块链公司数量呈下降趋势[EB/OL]. (2022-09-27) [2022-11-04]. https://www.globenewswire.com/en/news-release/2022/09/27/2523292/0/en/ The-Number-of-Newly- Founded-Blockchain-Companies-is-on-a-Global-Decline-in-2022.html

② 以太坊虚拟机是以太坊网络的基本组成部分，是智能合约的执行环境，是保障以太坊安全可靠的核心机制之一。——译者注

革。同时，Klaytn 还提供了一个强大的基础设施，只需几个节点就能每秒处理超过 10 000 笔交易（TPS），并且 gas 费用[①]比以太坊还低。

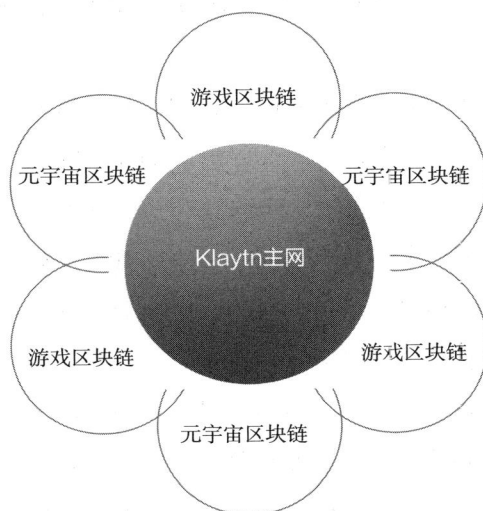

Klaytn提供端到端集成，包括内置的L2解决方案

图 10.1

来源：Klaytn Light Paper: https://klaytn.foundation/wp-content/ uploads/Lightpaper.pdf

Klaytn 区块链支持 DeFi 服务，包括赚取利息、借贷和交易。BINANCE Staking 和 Kai Protocol 在 Klaytn 区块链运行，该链还与网石[②]、GMO 互联网集团[③]和 ConsenSys[④]（ConsenSys 广受欢迎

---

① gas 费相当于手续费，或者给矿工的辛苦费。gas 费是网络交易中必要的成本，用来平衡整个网络交易速度。——译者注

② 网石（Netmarble）是韩国第一大手游公司。——译者注

③ GMO 互联网集团是日本最大的互联网企业集团之一，专攻和发展多项互联网相关技术。——译者注

④ ConsenSys 是一家位于纽约的全球性区块链技术公司，旨在构建支持去中心化世界的基础设施、应用程序和实践，并且专注于以太坊网络的建设。——译者注

的 Metamask 钱包可以链接到区块链）建立了战略合作伙伴关系。截至 2022 年 1 月，DeFiLama[①] 的数据显示，Klaytn 的总锁定价值（TVL）[②] 为 1.7214 亿美元，是仅有的八个与领先的 NFT 市场 OpenSea[③] 集成的区块链之一。

除了投资有前景的区块链项目以发展生态系统，并为元宇宙与现实世界的互动创建基础设施，这家总部位于新加坡的组织还为可持续的全球采用而不懈努力。

在加快内部进展后，Klaytn 现在将步入路线图 2.0 阶段。该阶段将出现令人兴奋的发展，它将通过增加 DAO 的治理来实现更多去中心化。

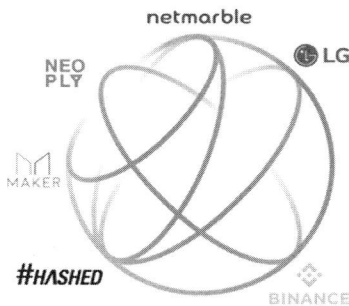

图 10.2

来源：Klaytn website: https://www.klaytn.foundation/roadmap/

Klaytn 2.0 还将在网络上支持更多的开发者工具，包括 Witnet，

---

① DeFilama 是一款强大的数据工具网站，一个 DeFi 数据分析平台，提供了许多有用的指标，如 TVL 排名等。——译者注

② 总锁定价值（Total Value Locked，简称 TVL）指锁定在所有或者单个 DeFi 协议中的资产总价值之和。——译者注

③ OpenSea 是全球领先 NFT 交易平台，是世界上第一个较大的加密收藏品和 NFT 的数字市场。——译者注

它已将其预言机服务集成到区块链上。

该生态系统还将以投资基金、绩效激励、财务咨询和社区建设等形式为各种应用提供支持。

然而，要想充分了解 Klaytn 在 Web3 下一步发展中的作用，我们必须从技术到治理仔细研究它的运作原理。

TPS 是王道

便利性永远是大规模采用的决定性因素。因此，Klaytn 致力于履行其承诺，即所有交易均在一秒钟内确定最终结果。它结算迅速且不可逆，对消费者友好且安全。

Klaytn 采用混合共识算法，结合了拜占庭容错（Byzantine Fault Tolerance，简称 BFT）和权益证明（PoS），在保持高度安全性的同时提高了速度和效率。

BFT 用于初始区块验证，PoS 用于最终区块确认。Klaytn 中盛行的去中心化公链和高度可扩展的私有链双重性使其成为一个混合生态系统，它充分利用了两者的优点。

通过定制自己的框架，如伊斯坦布尔拜占庭容错（Istanbul Byzantine Fault Tolerance，简称 IBFT）共识算法框架，以太坊也使用了该框架，Klaytn 区块链能够以闪电般的速度快速处理交易。

IBFT 包含三个节点：共识节点、代理节点和端点节点。它们相互通信以进行验证并达成共识，在区块的生成中发挥着独特的作用，节点的协同作用可以更快地达成共识。

Klaytn 的 IBFT 优化版本处理速度高达 4000 TPS，并且交易能够一秒确认，这意味着它有实力成为其平台上诞生的众多 Web3 项目和大量用户交易流量的基础。

另一个增长因素是 Klaytn 通过服务链实现的可扩展性。服务链被称为"辐条（spokes）"，可以根据各个去中心化应用的需求进行定制，就像其他 Layer 2 解决方案一样，"辐条"可以锚定到 Klaytn 的主链以提高安全性。通过建立对服务链桥接的支持，实现生态系统参与者之间的无缝互操作性，从而为快速扩大规模提供了大量机会。

到目前为止，Klaytn 的"辐条"在提高效率方面发挥了巨大作用。最终，该计划是建立嵌套服务链，让"辐条"集群成为其他服务链的中心，这意味着可扩展性将呈指数级增长。

TPS 的提高在一个中心和"辐条"架构中可以起到性能倍增器的作用，这就是为什么 Klaytn 团队一直致力于优化 Klaytn 的共识机制以提高 TPS。

Klaytn 于 2022 年 12 月 23 日发布最新消息称，该网络将发展成为一个开放的区块链生态系统，任何人只要符合一定的条件，都可以成为区块验证者，同时维持现有的治理委员会结构和角色。这一转变旨在丰富商业机会、改进利润分配结构和增强网络安全性，同时确保开放性、透明度和抗审查性。共识算法将得到改进，在不影响 Klaytn 性能的前提下，允许尽可能多的验证者参与。

出于显而易见的安全原因，扩展工作在实施前都需要进行广泛的测试，这就是为什么拥有能跟上以太坊区块链技术栈设定的行业标准的能力是同样重要的。

建立在世界区块链之上

比特币区块链的目的是让金融去中心化，而以太坊的目的是让世界去中心化；因此，正如前几章所讨论的，以太坊具有灵活性，而且在现实世界中有无限应用。

　　能够让以太坊区块链运行的所有复杂技术都不是普通开发者所能接触到的。因此，Klaytn 的目标是缩小这一差距，瞄准那些希望探索元宇宙作为其项目平台的新开发者。

　　Klaytn 与基于以太坊的软件完全兼容，且它的一套用户友好的工具可帮助新开发者构建元宇宙基础设施，同时提供可定制的 Layer 2 解决方案，如 SDK 和智能合约、钱包、区块链浏览器、跨链桥和预言机支持、监管以及将项目连接到现实世界。

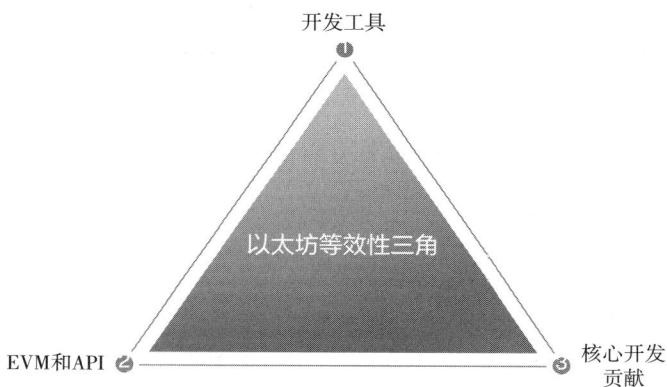

图 10.3

来源：Klaytn Light Paper: https://klaytn.foundation/wp-content/ uploads/Lightpaper.pdf

　　Klaytn 区块链不仅欢迎去中心化应用，也欢迎任何希望利用区块链技术的应用。值得一提的是，去中心化应用并非必须提供去中心化网络服务。

　　从 GameFi 到去中心化应用，无论是什么项目，在可预见的未来，其与以太坊的兼容始终是一个关键因素。对 Klaytn 的调整往往是为了弥补以太坊的不足，而不是让已经很繁忙的区块链复杂化。这样做的目的是，基于 Klaytn 构建的项目能够以对用户更加友好的方式使用与以太坊相同的技术栈。

然而，Klaytn 的以太坊等效性不仅仅是匹配区块链巨头的技术栈，因为以太坊改进提案是一种双向对话，这意味着 Klaytn 和以太坊都会就如何改进以太坊区块链而交换意见，一旦成功，也将为 Klaytn 带来好处。

共享生态系统的共同治理

Klaytn 在严格的协议管理下稳定发展了数年，这个区块链现在正在融合一种更加去中心化的结构来平等分配权力。

Klaytn 对其治理结构的修改包括让 30% 的治理委员会成员由 DAO 组成，创建"DAO 中的 DAO"，从而领导区块链的核心发展。

Klaytn 计划在 Klaytn 的投票算法中删除基尼系数，让治理委员会中的 DAO 在发展过程中有更大的影响力，并修改治理委员会的遴选标准，优先考虑尽心尽力的候选人，这为 Klaytn 成为一个包罗万象的区块链开辟了新的可能性。

为了实现更大程度的去中心化，Klaytn 将把其治理委员会成员增加至 50 人，重点吸引领先的 DAO 加入，然后进行网络升级，将治理委员会的最大成员人数增加一倍，达到 100 人。

DAO、建设者、企业和机构的共同治理是 Klaytn 作为去中心化平台取得进步的关键，因此 Klaytn 的治理协议不会将投票权只分配给持有 KLAY（Klaytn 的原生代币）的人。

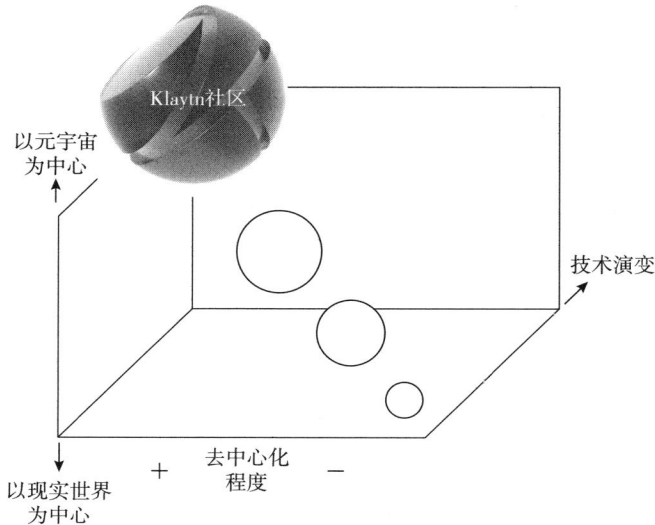

图 10.4

来源：Klaytn Light Paper: https://klaytn.foundation/wp-content/ uploads/Lightpaper.pdf

只有那些致力于积极发展和壮大 Klaytn 生态系统的成员才能获得委员会席位。验证者必须至少质押 500 万枚 KLAY，如果委员会成员行为不端，其持有的 KLAY 会被削减。为了实现可持续增长，只有在每生成 86 400 个区块后，新的委员会成员才会被确认。

KLAY 可用于 Klaytn 区块链链上和链下的各种交易，包括与以太坊区块链相关的项目。为了提高采用率，忠实用户可以获得 KLAY 代币奖励。

根据 medium 的数据，截至 2022 年 11 月，Klaytn 每新建一个区块可产生 6.4 枚 KLAY，并将其总释放量中的一大部分用于生态系统的发展，具体分配情况如下：50% 用于 Klaytn 治理委员会奖励，40% 用于 Klaytn 增长基金，10% 用于 Klaytn 改进储备。

在撰写本书时（2022 年 12 月 25 日），Klaytn 在 CoinMarketCap

上排名第 64 位，市值为 498 250 823 美元，流通供应量为 3 069 022 085 枚 KLAY 代币。

除了 Klaytn 的持续增长和对 DeFi 包容性的追求，该链还更新了其代币经济学，50% 新铸造的 KLAY 会进行再投资。

Klaytn 通过激励建设者来发展生态系统。通过 Klaytn 改进储备的赠款和奖励计划，资金会被分配给那些创建基础设施、工具和服务来改进 Klaytn 网络的开发者；通过 Klaytn 成长基金奖励那些基于 Klaytn 构建的有前途的早期项目；以及通过贡献量证明（PoC）来认可智能合约的构建者，这些合约支持或简化了更多的链上活动，从而提高了 Klaytn 的效用和流动性。

作为一个由软件巨头的子公司创建的区块链，Klaytn 对企业和开发者都很友好。Klaytn 希望成为企业和企业级用例的首选区块链，而随着 Klaytn 与日本 GMO 互联网集团、印度尼西亚三林集团①、移动游戏领导者网石和娱美德②等行业巨头合作，Klaytn 有潜力实现这一目标。

Klaytn 的前景无限，凭借其雄厚的储备、坚定的财务远见及切实的规划，Klaytn 区块链可能会在未来几年成为一个家喻户晓的名字。不过，Klaytn 也是韩国 CBDC 项目的官方区块链合作伙伴，该项目将在一个私有的、经过改进的 Klaytn 版本上找到其为公众所熟知的归宿，这或许才是这块千层蛋糕上真正的樱桃。

---

①　三林集团是印度尼西亚最大的企业集团之一，是由著名华人企业家林绍良先生创建的多元化跨国企业集团。——译者注

②　娱美德是在韩国创立的网络游戏开发公司，是一家世界著名的网络游戏及手机游戏的跨国开发和发行公司。——译者注

11
一个勇敢的
新世界

俗话说得好：高处不胜寒。那么，对于当今世界上最强大的国家来说，未来会怎样呢？

　　美国通过制裁和否决权主宰着全球贸易，直接搅乱了半个多世纪对其有利的历史进程。如今，美国已经没有多少朋友了。

　　美国的外交政策为这个国家树敌无数。只要美国继续欺负其他国家，对美国的敌对行动就永远不会停止。然而，美国正在走向一个岔路口。

　　由于亚洲和全球南方部分大国开始崛起，面对这一压力，从中东到欧洲的那些松散联盟开始分崩离析。

　　与此同时，俄乌冲突减少了全球粮食供应，破坏了俄罗斯通往欧洲的石油通道，并且已经造成了政治上的混乱局面，例如英国仅在2022年就换了三位不同的首相。

　　随着美国及其盟友与日益壮大的东方势力进行对抗，面对不公平的政治压力，将出现更多使用区块链作为平衡装置的机会。

　　支付结算的替代方式最终将会被用于绕过制裁，那么制裁作为针对中央集权政府发动的经济战将变得毫无用处。各国将不再受制于这些货币帝国主义工具所带来的经济瘫痪。国际压力将促使美国改变政策，对独裁者、政权高层、恐怖分子和国际罪犯等个体实施制裁，而不是对整个国家的贫困人口实施制裁。

特别是在环球银行金融电信协会（SWIFT）不发达的地方，政府和银行将利用区块链克服距离问题，让约 14 亿人（根据世界银行的数据）参与全球 Web3 经济。

随着银行业"最后一公里"连接问题的解决，没有银行账户的人也能参与贸易。曾经不得不为这些不同群体提供支持的国家将因此迎来经济活动的繁荣局面。

全球贸易参与度的提高将导致能源需求的增加。当前的能源危机已经考验了美国与其在中东最亲密盟友沙特阿拉伯的关系。随着新兴工业国家寻求替代货币购买石油，石油输出国组织（OPEC）将继续向美国施加压力。

石油美元体系迟早会崩溃，美元将失去作为全球贸易货币的地位，但在去美元化实现之前，这种情况不会很快发生。目前，美元在全球金融体系中的地位过于稳固，贸易货币不会发生重大变化。

然而，美国联邦储备银行为保持美元强势地位而面临的平衡美国经济的压力，将促使美国创建自己的 CBDC。尽管美国政府将尽可能利用现有权力来延缓美元重要性地位的下降和稳定性承诺的弱化，但最终还是会出现一种数字美元，促进美国进入发展中的数字市场。世界经济论坛指出，一些研究人员认为到 2040 年数字市场的价值可能高达 37 万亿美元。①

---

① Muggah R, Rohozinski R, Coldin l. 数字化的阴暗面——以及如何解决这一问题 [EB/OL]. (2020-09-23) [2022-04-04]. https://www.weforum.org/agenda/2020/09/dark-side-digitalization/

美国正处于历史的又一个转折点。它有机会救赎自己，承认自己在建立和摧毁各种政权中所扮演的角色，承认它出于政治动机对一些国家实施制裁，使它们处于不利地位，以及它基于"美国利益"发动的无休止、毫无意义的战争。

美国可以加入世界数字经济中公平贸易的行列，也可以反其道而行之，阻挠试图摆脱美元的国家前进。

在未来几年，美国如何重新定位自己将变得非常重要。新的联盟将会形成，昨天还在争吵不休的领导人们明天可能就会成为关系特别好的兄弟姐妹，反之亦然。政治将永远是一个充满指责和欺骗的轮回，但至少在大国就世界贸易相关条款进行谈判时，我们应该看到更多的外交决策。随着经济强国之间权力的公平分配，也许有一天，只是也许，联合国内的每一个国家都能摒弃前嫌，在公平贸易方面彼此友好，以造福本国经济和人民。

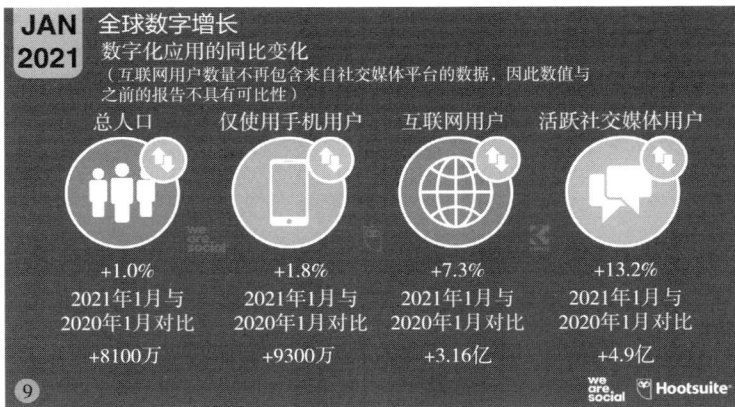

图 11.1

来源：互随公司。

在未来的几年里，美国可能会再次成为孤立的美国，就像 19 世纪末美国制裁全世界时那样，或者它可能会将数字美元放入 CBDC 这一篮子货币中，使其成为下一个布雷顿森林体系的货币中心，并加入新货币集团，为世界大部分贸易提供便利。

我仍在漫步，所以我确信自己可以跳舞

如果说杀不死你的东西只会让你变得更强大，那么非洲正以复仇之势卷土重来。

非洲大陆已经被视为下一个会蓬勃发展的经济体，它正在消除如非洲法郎等殖民主义的残余，并引入自己的 CBDC 来实现金融主权。

随着星链①等公司进入非洲大陆，并利用尚处于起步阶段的市场，5G 宽带的接入将变得更加便宜。与服务业一样，通过与 5G 连接，数字零工或自由职业者经济预计将受益最大。

在过去像中国和韩国这样的国家中，已经出现与最新的技术发展和创新融为一体的制造业巨头，且拥有庞大的中产阶级人口来检验技术，并支持技术增长，其必须经历一个工业阶段才能达到现在的水平。

工业发展中的过度竞争将给地球带来灭顶之灾。科学家和气候变化研究员预测，在未来 20 年内，世界某些地区每年将面临持续三百多天的干旱。全球海平面却在不断上升。如果我们不认真对待可持续发展问题，灾难性事件就有可能会发生。

---

① 星链是美国太空探索技术公司（SpaceX）的一个项目，通过低轨道通信卫星提供高速互联网服务。——译者注

世界各地区生活在极端贫困中的总人口

（极端贫困是指每日生活费低于2.15美元的国际贫困线标准。）

Our World in Data

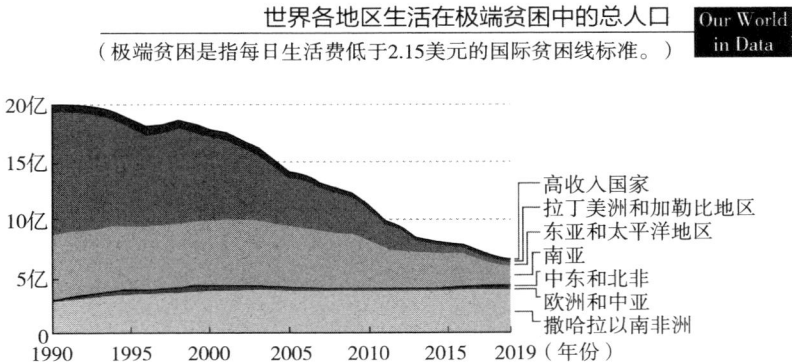

来源：世界银行贫困与不平等数据平台。　（OurWorldInData.org/poverty · CC BY）

注：数据按 2017 年国际美元的价格计算，以反映各国之间的通货膨胀和生活成本差异。它与人均可支配收入或人均消费水平有关。

图 11.2

来源：World Bank/Bloomberg https://www.bloomberg.com/ opinion/articles/2019-04-24/africa-s-only-way-out-of-poverty-is-to-industrialize

　　如果非洲进入工业化阶段，并过度发展农业和采矿业，那么整个世界都将面临巨大的风险。十多年以来，巴西亚马逊雨林的火灾几乎就没停过，尤其是在 2019 年，大火产生的浓烟将圣保罗市的白天变成黑夜，这就是一个典型的例子。

　　如果整个非洲都采用 Web3 数字经济，则不一定会发生这种情况。

　　如果能够获得信贷，那么就会创造出一个新的中产阶级，从而有助于避免风险。进入数字经济将使拥有互联网连接的人都有机会成为这个新中产阶级的一员。

　　能够通过互联网提供的服务将遍地开花，而能将传统技能与技术技能相结合的人将能够向前发展。教育、通信、市场营销和广告、数据分析、编程、工程、建筑、网页设计、银行服务等，包括一些正在寻找雇员的知名品牌和跨国公司，都将很快出现在 Web3 上，使 Web3 成为全球服务提供商的必争之地。

新的服务平台将应运而生，创造出更多高薪工作和一个成熟的劳动力市场。这将为 Web3 环境中的所有数字货币带来更多的使用案例。

事实上，许多国家尽管遭受了几个世纪的外来势力压迫，但在今天仍然屹立不倒，这意味着它们明天还有机会翩翩起舞。

万事开头难

对于如今的 DeFi 运动来说，这里仍然是"狂野西部"。市场上有超过 20 000 个区块链项目，但它们之间的合作不尽如人意。事实上，这些公司中的大多数都在相互直接竞争，以争夺市场份额和主导地位。

要掌控区块链金融科技这一不可预测的前沿领域，政府和 Web3 平台用户必须施用规范发展的工具。

至关重要的是，验证过程要与中本聪撰写白皮书时的初衷保持一致，该白皮书将比特币概念化，并一劳永逸地解决了拜占庭将军问题。

通过 CBDC，我们看到政府正试图利用区块链的力量，充分利用其能力和随之而来的元数据。

验证必须始终以去中心化方式进行，因为中央权力倾向于使用我们的数据来对付我们。为了有效地处理安全问题，我们的数据需要尽可能地去中心化。事实上，已经有太多的危险案例被允许在网上自由传播。

网络钓鱼、一次性账号、水军、虚假新闻、诈骗和有毒行为潜伏在当今互联网的每个角落，并导致了令人不安的趋势出现，例如为恐怖组织和其他极端意识形态团体招募人员。

黑客盗用身份的行为在社交媒体上也十分猖獗。2022年第一季度，脸书对16亿个虚假账户采取了行动。虽然许多人认为大多数虚假账户是为执行恶意活动或至少是黑客为数据而创建的机器人，但《科技新闻世界》同年刊登的一篇报道称，在USCasinos.com的调查中，三分之一的美国社交媒体用户出于各种原因创建了虚假账户[①]。个人主页上显示的信息并不重要，任何人都可以成为任何人。

信任永远是一切的核心。没有信任，人们就无法前进。随着我们努力创造一个富有成效且高效率的互联网社会，有关如何为Web3经济活动创造去中心化信任的讨论将变得更加有趣。

尽管目前缺乏安全保障，但互联网作为开展业务的替代平台已经蓬勃发展，在新冠疫情大流行期间，居家办公的文化也在加速发展。随着远程工作的生产力成为新常态，各行各业每天都在创造基于网络的新工具。

区块链上的智能合约如果能解决信任问题，那么全球GDP将会增加，体量远超单一国家。

自改革开放以来，中国一直是世界上增长最快的经济体之一。1979—2017年，中国GDP平均增长率为9.5%，世界银行将其描述为"历史上一个主要经济体最快的持续增长"。

中国的GDP平均每八年增长一倍，迄今为止已帮助约8亿人口

---

① 科技新闻世界.三分之一的美国社交媒体用户创建了虚假账户[EB/OL]. [2022-04-04]. https://www.technewsworld.com/story/a-third-of-us-social-media-users-creating-fake-accounts-176987.html

摆脱了贫困。中国除了是美国的主要商业伙伴，还是美国国债的最大海外持有者，在一定程度上帮助了山姆大叔[1]。

现在，请想象一下，如果国际贸易壁垒被消除，每个国家都可以自由贸易，而不受那些阻碍 GDP 增长和孤立经济的政策和法规的干扰，将会发生什么？

任何经济学家都不能准确预测或模拟当今世界的潜在 GDP，更何况是未来几年呢？我们正在面对一个充满活力的世界，在这个世界里，不同形式的数字货币交易，无论是 CBDC、加密货币、稳定币甚至是 NFT，都将成为我们日常生活中的常态。

不断下降的利润率和投资效率

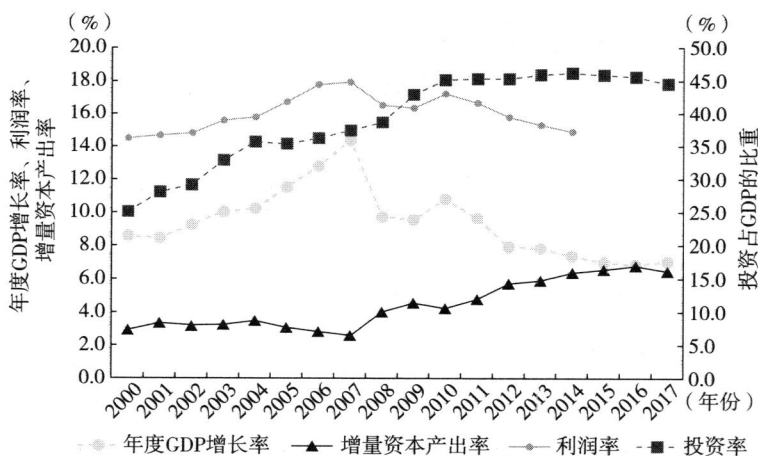

图 11.3

来源：CADTM https://www.cadtm.org/A-Little-History-of-Chinese-Economy

---

[1] 山姆大叔是美国的绰号。——译者注

你说我的语言

互联网于 1983 年 1 月 1 日正式诞生。在此之前，计算机网络之间没有标准的通信方式。一种新的通信协议——传输控制协议 / 网际协议（TCP/IP）便应运而生，以实现不同网络上不同类型计算机之间的连接。

这意味着所有网络现在都可以通过一种通用语言连接起来。

就像现在的人们忽视区块链消除信任问题的潜力，而更愿意关注每天加密货币交易的涨跌一样，早期的互联网也同样被误解了。

在互联网萌芽之初，互联网的潜力被人们疯狂炒作和夸大，进而导致了 21 世纪初互联网泡沫的破灭，而此时距离互联网诞生不过短短 20 年。许多人在这一过程中损失了巨额资金，如今仍不断有人上当受骗，但网络交易的发展是无法阻挡的。在线生活只会继续发展，数字经济也是如此。

曾经，各科技巨头还都只是"蛮荒之地的新生儿"。如今，各科技巨头的股价已跻身华尔街和国际交易所中价格最高的股票之列，其首席执行官也成为世界上最富有的一批人，但在 2006 年脸书面向公众被推出时，询问任何一个使用互联网的人，他们都会说，市场上还有其他类似的社交媒体平台竞争对手，而且几乎没有人能分辨出它们之间的区别。

在目前数以万计的区块链公司中，只有少数几家能留下来。声誉评估将会淘汰弱者。经过多年的证实与确认，剩下的拥有良好记录的区块链公司将扩大规模，甚至会相互合并。本着真正的去中心化精神，区块链将继续以众包的方式发展。

目前，维持区块链生态系统的现状需要 gas 费用。随着越来越多的开发者进入这一领域，gas 费用将会下降，未来甚至可能会被补贴或被免去。

开放式区块链将成为一种实用工具，是城市和现代社会中的人们在新世界中开展业务所需要的事物，就像 WiFi 一样。政府希望通过减少某些交易中涉及的 gas 费用来支持当地的数字经济，例如购买商品和服务以支持当地企业，以及处理与政府相关的交易和税收。

在某个阶段，区块链将成为任一组织技术栈的标准组成部分，就像我们今天拥有的数据云和服务器一样。区块链将成为运行任何涉及无缝交易的组织的重要组成部分。

未来，新一代毕业生将面临复杂的决策任务，但他们会做好准备。就像过去不会说英语的父母知道他们的孩子必须学习英语才能与世界交流一样，未来几代人也将会努力学习编码。

编码基础知识就像在当今世界用英语交谈的能力一样。一个人的熟练程度越高，在各地走动和开展业务也就越容易。

随着人类减少实体互动、增加数字互动的趋势，新一代将成为能够与计算机互动的一代，且计算机的功能将超出我们今天的想象。目前，用户体验（UX）的结构可能对不懂电脑的人很友好，但在未来的用户体验中，我们将看到更多人与机器之间的复杂互动。

就像那些不会说英语的人在经济上会受到阻碍一样，不懂电脑的人将无法进入未来的 Web3 经济，也无法向前发展。

在我们努力创造的未来中，任何人都不应被落下。公平贸易必须始终是一项基本人权，尽管如今它还远未成为现实。如果世界因数字化而变得更加不平等，那就违背了 DeFi 的初衷。这不是我们想要的乌托邦。

对于我们（你、我以及读这本书的其他人）来说，为自己未来几十年定下正确的基调是很重要的，对我们的子孙后代来说，这也同样重要。我们需要使未来的年轻人知道，世界仍然掌握在他们手中，他们仍然有能力改变世界，我们需要使世界变得更好，就像他们的父母、祖父母和祖先所做的那样。

让我们不要因为未知而害怕未来，而是现在就熟悉它，拥抱它。

作为人生旅途中的旅行者，我们会遇到许多考验人性的难关和障碍。请记住，一定要保持善良。

我们还有很长的路要走，还有很多事情要做，但如果我们从现在就开始，这段旅程将会变得非常有趣。

在此之前，请继续前进吧。